# 小さな動物編み人形 100

成美堂出版

# Contents
もくじ

小さな動物編み人形　4

動物編み人形　ポイントレッスン　18

How to make　26

編み目記号＆編み方　78

刺繍の刺し方　79

# Message
メッセージ

本書の作品は棒針で編む手のひらサイズの動物たちです。かわいいネコやイヌをはじめ、ほわほわのアルパカや物知り顔のフクロウ、おっとりしたクマのバリエーションなど、個性豊かな100体を紹介します。編み方はシンプルな基本の人形をアレンジするだけ。1つ編んだら、また次を編みたくなるキュートな動物がいっぱいです。完成したら、一緒にお出かけしたり、写真を撮ったり、いろいろ楽しんでくださいね。

# おしゃれキャット
*Cute cats*

**How to make**
1 ミケ ▶ P.26
2 サバトラ ▶ P.27
3 黒ネコ ▶ P.28
4 白ネコ ▶ P.28
5 ロシアンブルー ▶ P.28
6 オレンジネコ ▶ P.28

制作／1〜6 > くげなつみ

# 小粋なフレンズ
## Stylish friends

**How to make**
7,8 ライオン夫妻 ▶ P.30
9,10 ペンギン ▶ P.31
11,12 ゾウの親子 ▶ P.32
13,14 カンガルー ▶ P.33

制作／7〜14 > くげなつみ

# ドッグワールド
The wonderful world of dogs

**How to make**
**15,16** シバイヌ ▶ P.34
**17,18** フレンチブルドッグ ▶ P.35
**19,20** トイプードル ▶ P.36

制作／15〜20 > 庄司靖子

**How to make**
**21, 22** ビーグル ▶P.37
**23, 24** ミニチュアシュナウザー ▶P.38
**25, 26** ボーダーコリー ▶P.39

制作／21〜24 ＞庄司靖子　25〜26 ＞金子祥子

# 森の学校 *the school in forest*

**How to make**
**27, 28, 29** フクロウ ▶ P.40
**30** ニワトリ ▶ P.42
**31** ヒヨコ ▶ P.43
**32, 33** シマエナガ ▶ P.44
**34, 35** イノシシ ▶ P.45
**36, 37** クマのペア ▶ P.46

制作／27〜29 ＞ くげなつみ　30〜35 ＞ 横山かよ美　36〜37 ＞ 佐藤文子

**How to make**
**38,39** キツネ ▶P.47
**40,41** 立ち耳ウサギ ▶P.48
**42,43** たれ耳ウサギ ▶P.49
**44,45** ネズミ ▶P.50
**46,47** ハムスター ▶P.51

制作／38～47 > 庄司靖子

# ゆかいな仲間たち PART.1
## Lovely Friends

リス

クマ

How to make ▶ P.52

**50** ヒグマ　**51** シロクマ
How to make ▶ P.53

**52** マレーグマ　**53** ツキノワグマ
How to make ▶ P.54

## ウマ

54 55

How to make ▶ P.55

## キリン

58 59

How to make ▶ P.57

## アルパカ

56 57

How to make ▶ P.56

制作／48〜59 > 横山かよ美

11

# うきうき広場の休日 UKIUKI square on holiday

**How to make**
- **60, 61** シカの親子 ▶ P.58
- **62, 63** パンダ ▶ P.59
- **64, 65** コアラ ▶ P.60
- **66, 67** ビーバー ▶ P.61
- **68, 69** トラ ▶ P.62

制作／60〜69 ＞ミドリノクマ

# ほんわか交流会 HONWAKA party

**How to make**
70,71 サル ▶ P.63
72,73 ハリネズミ ▶ P.64
74,75 アザラシ ▶ P.65
76,77 レッサーパンダ ▶ P.66

制作／70〜77 > minao（横田美奈）

# のんびり村の集い NONBIRI village meeting

How to make
78,79,80　ヤギ ▶ P.67
81,82,83　ブタ ▶ P.69
84,85　ウシ ▶ P.70

制作／78～85 > 金子祥子

# もふもふヒツジ  *Fluffy sheep*

**How to make**
86,87,88,89 ヒツジ ▶ P.71

制作／86〜89 > くげなつみ

# ゆかいな仲間たち PART.2
Lovely Friends

**プレーリードッグ**

90　91　92

How to make ▶ P.73

制作／横山かよ美

**タヌキ**

93　94

How to make ▶ P.74

制作／minao（横田美奈）

## インコ

How to make ▶ P.75

制作／横山かよ美

## 帽子ネコ

How to make ▶ P.76

制作／佐藤文子

## ウォンバット

How to make ▶ P.77

制作／横山かよ美

# 動物編み人形 ポイントレッスン

## 主な材料と用具

**針**
人形本体は小さな筒状に編むので、棒針4本または5本の短い針が編みやすい（写真はハマナカアミアミくつした針）。

**とじ針**
とじはぎだけでなく、顔の刺繍などにも使う。

**糸**
本書では合太を中心に、並太、中細の3種類の太さの糸を使用。写真左から並太糸（ハマナカ アメリー）、合太糸（ハマナカ アメリーエフ《合太》）、中細糸（ハマナカ純毛中細）。

**わた**
弾力性に富んだポリエステルの手芸わたが使いやすい。抗菌防臭タイプは清潔で安心。

※すべてハマナカ（問P.80）

## 基本の人形　材料＆編み図の見方

P.26からの How to make ページに記載した材料と用具、編み図の表記のポイントです。

**糸** ハマナカ　アメリー エフ《合太》
ナチュラルホワイト(501)、マリーゴールドイエロー(503)、ピーコックグリーン(515)、ブラック(524)
**針** 棒針3号、4号
**その他** わた3g

> 糸の分量は指定のあるもの以外、すべて5g以下です

> 色違いがあるものはA、Bなどの表記があります

●配色表

|   | 段数 |   |
|---|---|---|
| 頭 | 27〜42 | ナチュラルホワイト(501) |
| 服 | 13〜26 | ピーコックグリーン(515) |
| ズボン | 5〜12 | マリーゴールドイエロー(503) |
| 足 | 1〜4 | ナチュラルホワイト(501) |

> 本体を編んだら耳を編み出します

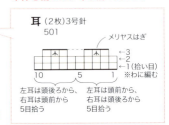

耳 (2枚) 3号針 501
左耳は頭後ろから、右耳は頭前から5目拾う
左耳は頭前から、右耳は頭後ろから5目拾う
※わに編む　メリヤスはぎ

### きれいに編むコツ

編み地は少しきつめに編むのがポイント。やや詰まった編み地にすることで、中に詰めたわたや裏に渡した編み込み模様の配色糸が、編み目の隙間から見えにくくなり、きれいに仕上がります。

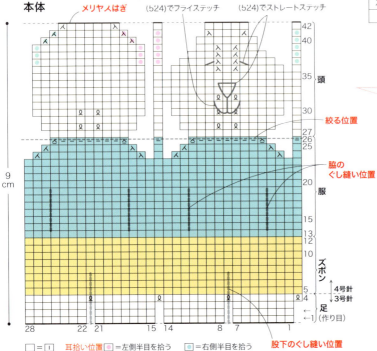

本体　本体はわに編みます　メリヤスはぎ　(524)でフライステッチ　(524)でストレートステッチ
絞る位置　脇のぐし縫い位置　股下のぐし縫い位置
4号針 / 3号針
□=| 　耳拾い位置　=左側半目を拾う　=右側半目を拾う

## ◆ 基本の人形を編もう

作り方に表記された人形の全長を目安にし、自分の手加減に合わせて、針の号数や糸の分量を調整してください。

### 本体を編む

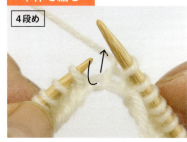

**1** ナチュラルホワイトの糸と3号針を使い、指でかける作り目で28目作り目(1段)して輪にする。表目で2段編み、4段めの1目めは左針で前段の渡り糸を矢印のように拾う。

**2** 1で拾った糸に、右針を矢印のように右側から左側へ入れ、糸をかけて引き出す。

**3** ねじり増し目が編めた。同様に指定の位置でねじり増し目を編みながら、最後まで編む(全部で4目増)。糸端を約10cm残して切る。

**4** 5段めは針を4号針、糸をマリーゴールドイエローに替えて編み進める。

**5** 13段めでピーコックグリーンの糸に替え、23段めまで編む。24段めの服の前側は1目表目を編んだ後、右上2目一度1目、表目11目、左上2目一度1目を編む。前側が14目になる。

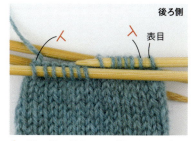

**6** 服の後ろ側も5と同様に編む。全体が28目になる。25段めは24段目と同じ要領で、26段めは裏目の2目一度を編みながら最後まで編む。全体が20目になる。糸端を約30cm残して糸を切る。

### 胴体(足・ズボン・服)

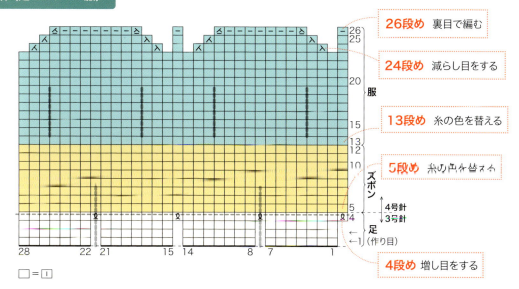

## 頭をメリヤスはぎではぐ ※わかりやすいように糸の色を赤に替えています。

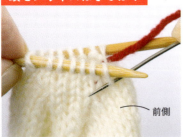

7 42段めまで編んだら、編み終わりの糸端をとじ針に通し、前側の1目めに、とじ針を向こう側から手前へ通す。

8 続いて、後ろ側の1目めに、前側の1目めの右脇から、とじ針を手前から向こう側へ通す。

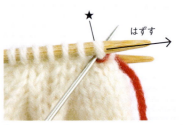

9 次に前側の1目め(★)に、とじ針を手前から向こう側へ通しその目を棒針からはずす

10 前側の2目めに、とじ針を向こう側から手前へ通す。

11 後ろ側の1目めに、とじ針を向こう側から手前へ通し、その目を棒針からはずす。

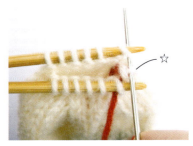

12 次からは8〜11を繰り返し、最後までメリヤスはぎではぐ。

13 メリヤスはぎが終わったら、とじ針をはぎ終わりの目の下へ入れ、本体の中を通して糸始末をする。

14 メリヤスはぎができた。

15 本体が編めた。

## 頭

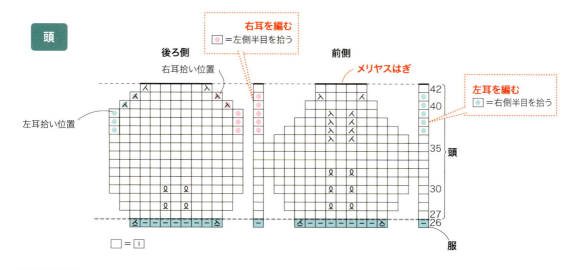

## 耳を編む

**16** 編み図の耳拾い位置の目を拾って針を通す。

左耳は指定の位置の目の右側半目を拾う。

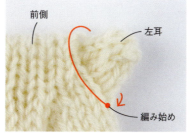

**17** 編み図どおりに耳を編み、糸始末する。

## 耳

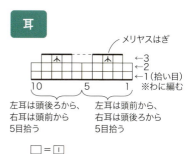

左耳は頭後ろから、右耳は頭前から5目拾う

左耳は頭前から、右耳は頭後ろから5目拾う

**18** 右耳も同じ要領で編む（編み始めは頭後ろの下になる）。

右耳は指定の位置の目の左側半目を拾う。

## 糸端を結ぶ

**19** 配色替えした部分の糸端をすべて裏側に出す。本体を裏に返し、それぞれをひと結びする（糸端は切らない）。

## 綿をつめる

**20** 本体を表に返し、わたを均等に詰める。

**空き口をはぐ** ※わかりやすいように糸の色を赤に替えています。

21 編み始めの糸端をとじ針に通し、作り目を上にして持つ。前側の1目め(糸2本)をすくう。

22 次に後ろ側の1目め(糸2本)をすくう。

23 前側と後ろ側の目を1目ずつ交互にすくい、最後に糸を引いて隙間をとじる。

**首を絞る**

**股下に溝を作る**

24 とじ針を本体に刺し、左右に1往復させて糸を切る。

25 首は服の色の糸(ピーコックグリーン)で、服の最終段の裏目の右側1本だけを1周すくい、糸を引いて絞る。24と同様に糸始末する。

26 ズボンの色の糸(マリーゴールドイエロー・約30cm)をとじ針に通し、指定の位置で後ろ側から前側にとじ針を出す。

**脇の溝を作る**

27 足先まで1目ずつぐし縫いして糸を引く。

28 針を刺した位置までぐし縫いして戻り、糸端を何度か本体の中にくぐらせて糸を切る。

29 服の色の糸(ピーコックグリーン・約30cm)をとじ針に通し、股下と同様に、脇のぐし縫い位置の2か所にも溝を作る。

22

### 顔の刺しゅうをする

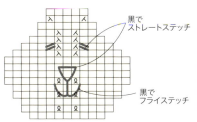

30 ブラックの糸をとじ針に通し、後ろ側の首あたりから前側の目の位置にとじ針を通す。

31 とじ針を通したところ。あらかじめ、目の位置にまち針を刺しておくとわかりやすい。

32 目、鼻の輪郭、口の順に刺しゅうをし、最後に鼻へ戻って輪郭ごと包むように全体を埋め、ふっくら仕上げる。

33 顔の刺しゅうができた。

34 糸端を何度かボディの中にくぐらせて糸を切る。

できあがり

増減目で鼻先を高くした立体的な顔が特徴です。頭全体が丸く、ちょっぴり大きめになるので、本体も編み始め側で増やし目をして、ふっくらバランスよく仕上げました。いろいろな動物にアレンジしやすい基本の人形です。

### 耳を後からつけるタイプもあります。

動物によっては耳だけを別に編んで、後から縫いつけるタイプもあります。垂らしたり、立たせたり、カールさせたり、それぞれの動物に合わせて作り方をアレンジしてください。

# パーツごとの編み方のポイント

## ◆ マズルの作り方

口まわりの上にもう1枚編み地を重ねることで立体的なマズル（動物の鼻先～口部分）になります。

シバイヌ（P.6）

1 編み出し部分の編み目の右側半目を針で拾い、編み始める。はぎ合わせ位置に木綿糸で印をつけておくと作業しやすい。

2 編み図のとおり、往復編みをする。

3 編み終わりを顔のはぎ合わせ位置でメリヤスはぎ（→P.79）し、両脇をまつりつける。その際、少量のわたを挟むとよりふっくら仕上がる。

## ◆ ループの作り方

ループを重ねる場合は下から上へ刺し進めると作業がスムーズ。

トイプードル（P.6）

1 裏から糸を出し、小さなループを作ったら、根元の編み地をひとすくいする。

2 ループの根元に針を入れ、次のループ位置から糸を出す。

3 1段めは左から右へループを作り、2段めは上へ移動して右から左へループを作る。

## ◆ トサカの作り方

かぎ針編みで糸を編みつける方法です。

ニワトリ（P.8）

1 かぎ針で頭に引き抜き編みして糸をつけ、鎖3目を編む。

2 鎖の1目めの裏山を拾って引き抜き編みをし、ピコットにする。

3 頭に引き抜き編みをして、ピコットを固定する。

## ◆ フリンジの作り方
大きなループの先をカットして、フリンジ状の毛糸の束を作ります。

リス(P.10)

1 とじ針に糸を通し、土台の1目をすくってとじ針を通す。この時、糸を引ききらず、ループを作ったまま残しておく。

2 指定の位置に連続してループを作る。

3 ループを数列作ったら、ループの先の輪をカットして、フリンジ状にする。

## ◆ 胸当ての編み方

頭を上にして持ち、ズボン最終段の裏目の右側半目を拾って上へ編み上げる。

## ◆ スカートの編み方

1 頭を上にして持ち、ウエスト部分の表目の右側1本を拾う。

2 ぐるりと一周拾ったら、足を上にして持ち直して編み進める。

## ◆ 手足や尻尾に使うi-cordの編み方
i-cordは棒針で丸ひもを編む手法です。先端が両方とがっている棒針を使います。

1 表目を3目編み、そのまま棒針の反対側の先端まですべらせる。

2 すべらせたところ。

3 そのまま表目を3目編む。これをくり返す。

25

# How to make

## 1 ミケ

Photo ▶ P.4

### 材料と用具

糸　ハマナカ　アメリー エフ《合太》
　　ナチュラルホワイト(501)、ピーチピンク(504)、ダークレッド(509)、パロットグリーン(516)、ブラウン(519)、キャメル(520)、ブラック(524)

針　棒針3号、4号

その他　銀糸、わた4g

### 作り方のポイント

★ 本体を編んだら、耳を編み出す。
★ しっぽ、ベレー帽を編みとじつける。
★ ポシェットを作り、首に掛ける。

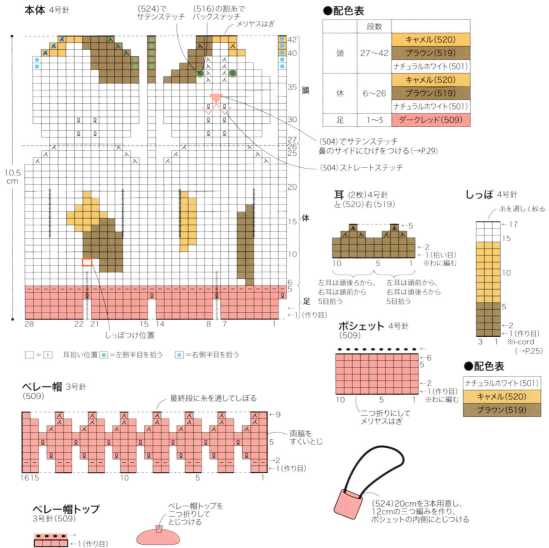

# 2 サバトラ

Photo ▶ P.4

### 材料と用具

糸　ハマナカ　アメリー エフ《合太》
クリームイエロー (502)、マリーゴールドイエロー (503)、フォレストグリーン (518)、グレージュ (522)、グレー (523)、ブラック (524)、ダークグレー (526)

針　棒針3号、4号

その他　銀糸、わた4g

### 作り方のポイント

★ 本体を編んだら、耳を編み出す。
★ しっぽ、ベレー帽を編みとじつける。
★ ポシェットを作り、首に掛ける。

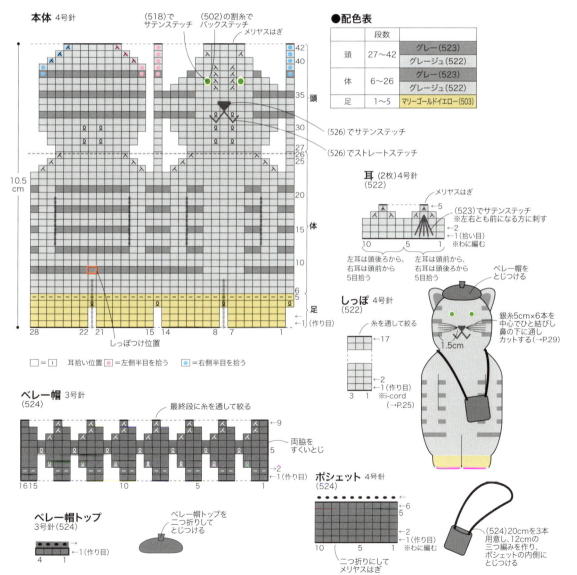

# 3 黒ネコ、4 白ネコ、5 ロシアンブルー、6 オレンジネコ

Photo ▶P.4

## 材料と用具

**糸** ハマナカ アメリー エフ《合太》

A…ナチュラルホワイト（501）、クリームイエロー（502）、クリムゾンレッド（508）、グレー（523）、ブラック（524）、ダークグレー（526）

B…ナチュラルホワイト（501）、マリーゴールドイエロー（503）、ピーチピンク（504）、ピンク（505）、クリムゾンレッド（508）、ピーコックグリーン（515）

C…ナチュラルホワイト（501）、クリームイエロー（502）、マリーゴールドイエロー（503）、バーミリオンオレンジ（507）、グレー（523）、ブラック（524）、ダークグレー（526）

D…ナチュラルホワイト（501）、ピーチピンク（504）、キャロットオレンジ（506）、バーミリオンオレンジ（507）、ピーコックグリーン（515）、パロットグリーン（516）、ミントグリーン（517）、フォレストグリーン（518）

**針** 棒針3号、4号

**その他** 銀糸、わた4g

### 作り方のポイント

★ 本体を編んだら、耳を編み出す。
★ しっぽを編みとじつける。ひげをつける。
★ B、Cはマフラーを編み、首に巻く。
★ A、Dはボタンを刺繍する。

28

耳 (2枚) 4号針
A(524) B(501) C(523) D(506)
AC(526) B(504) D(507)で
サテンステッチ
※左右とも前になる方に刺す

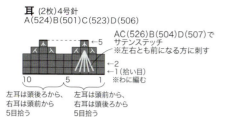

左耳は頭後ろから、
右耳は頭前から
5目拾う

左耳は頭前から、
右耳は頭後ろから
5目拾う

しっぽ 4号針
A(524) B(501) C(523) D(506)

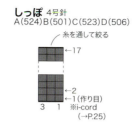

糸を通して絞る
※i-cord
(→P.25)

マフラー 3号針
B(508) C(502)

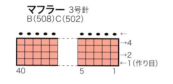

ひげのつけ方

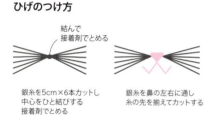

結んで
接着剤でとめる

銀糸を5cm×6本カットし
中心をひと結びする
接着剤でとめる

銀糸を鼻の左右に通し
糸の先を揃えてカットする

【フライステッチ】

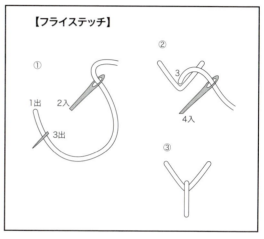

目のステッチ

A  (526)で
サテンステッチ
(502)の割糸で
バックステッチ

B  P.28の図を参照

C  (524)で
サテンステッチ
(507)の割糸で
バックステッチ

D  (515)で
サテンステッチ
(501)の割糸で
バックステッチ

29

# 7・8 ライオン夫妻

Photo ▶ P.5

A    B

## 材料と用具

**糸** ハマナカ アメリー エフ《合太》
A…ナチュラルホワイト(501)、ラベンダーブルー(513)、ネイビーブルー(514)、ブラウン(519)、オートミール(521)、ブラック(524)、ダークグレー(526)
B…ナチュラルホワイト(501)、ピンク(505)、ブラウン(519)、キャメル(520)、オートミール(521)、グレー(523)、グレイッシュローズ(525)、ダークグレー(526)

**針** 棒針4号

**その他** わた4g

## 作り方のポイント

* 本体を編んだら、耳を編み出す。
* しっぽを編み、とじつける。Aはたてがみをつける。

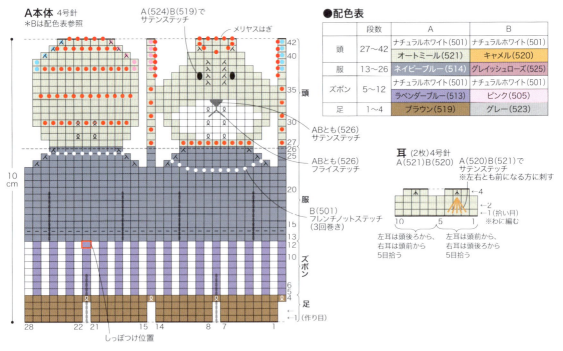

●配色表

|   | 段数 | A | B |
|---|---|---|---|
| 頭 | 27〜42 | ナチュラルホワイト(501) | ナチュラルホワイト(501) |
|   |   | オートミール(521) | キャメル(520) |
| 服 | 13〜26 | ネイビーブルー(514) | グレイッシュローズ(525) |
| ズボン | 5〜12 | ナチュラルホワイト(501) | ナチュラルホワイト(501) |
|   |   | ラベンダーブルー(513) | ピンク(505) |
| 足 | 1〜4 | ブラウン(519) | グレー(523) |

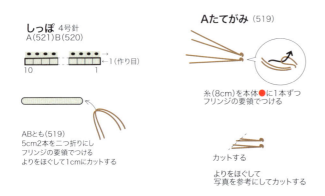

30

# 9・10 ペンギン

Photo ▶ P.5

### 材料と用具

**糸** ハマナカ　アメリー エフ《合太》
A…ナチュラルホワイト (501)、ライトブルー (512)、グレージュ (522)、ブラック (524)、ダークグレー (526)、ロイヤルブルー (527)
B…ナチュラルホワイト (501)、マリーゴールドイエロー (503)、クリムゾンレッド (508)、ブラック (524)、ダークグレー (526)
**針** 棒針3号、4号
**その他** わた4g

### 作り方のポイント

* 本体を編んだら、くちばし、足を編みとじつける。
* マフラーを編み、首に巻く。
* ボンボンを作り、本体トップにとじつける。

●配色表

|  | 段数 | A | B |
|---|---|---|---|
| 帽子 | 39～47 | ライトブルー(512) | クリムゾンレッド(508) |
| 頭 | 27～38 | グレージュ(522) | ナチュラルホワイト(501) |
|  |  | ダークグレー(526) | ブラック (524) |
| 体 | 1～26 | グレージュ(522) | ナチュラルホワイト(501) |
|  |  | ダークグレー(526) | ブラック (524) |

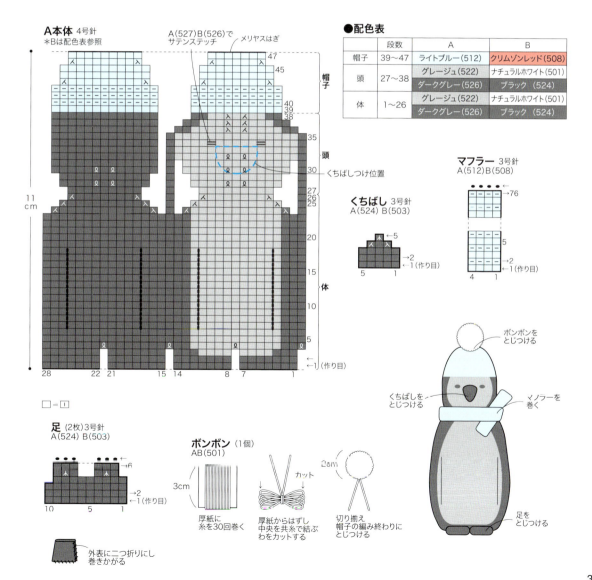

31

# 11・12 ゾウの親子

Photo ▶ P.5

### 材料と用具

糸　ハマナカ　アメリー エフ《合太》
A…ナチュラルホワイト(501)、ライトブルー(512)、パロットグリーン(516)、ロイヤルブルー(527)
B…ナチュラルホワイト(501)、クリムゾンレッド(508)、ラベンダーブルー(513)、ネイビーブルー(514)
針　棒針A…2号　B…5号
その他　わた4g

### 作り方のポイント

★ 本体を編んだら、耳を編み出す。
★ 鼻、しっぽを編みとじつける。

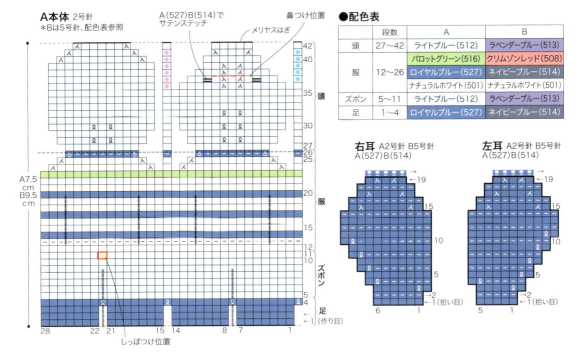

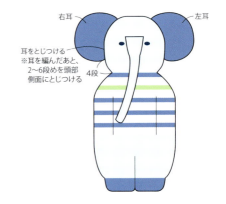

# 13・14 カンガルー

Photo ▶ P.5

### 材料と用具

**糸** ハマナカ　アメリー エフ《合太》

A…ナチュラルホワイト（501）、グレー（523）、ブラック（524）、クリムゾンレッド（508）

B…ナチュラルホワイト（501）、ブラウン（519）、キャメル（520）、ロイヤルブルー（527）

**針** 棒針3号、4号

**その他** わた4g

### 作り方のポイント

* 本体を編んだら、耳を編み出す。
* 手、ポケット、しっぽを編みとじつける。
* スカーフを編み、首に巻きとじつける。

### ●配色表

| 段数 | | A | B |
|---|---|---|---|
| 頭 | 26〜39 | グレー(523) | キャメル(520) |
| 体 | 1〜25 | ナチュラルホワイト(501) | ナチュラルホワイト(501) |
| | | グレー(523) | キャメル(520) |

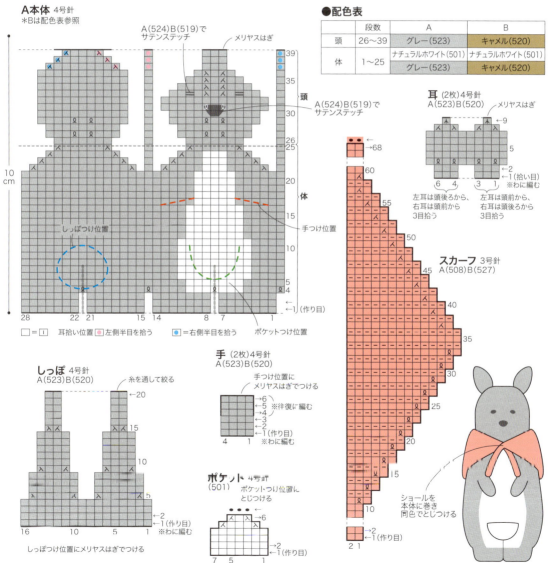

## 15・16 シバイヌ

Photo ▶ P.6

### 材料と用具

**糸** ハマナカ アメリー エフ《合太》
A…ナチュラルホワイト (501)、マリーゴールドイエロー (503)、ピーコックグリーン (515)、グレー (523)、セラドン (528)、ブラウン (519)
B…ナチュラルホワイト (501)、ピンク (505)、ライトブルー (512)、ラベンダーブルー (513)、キャメル (520)、ブラック (524)、グレイッシュローズ (525)、ダークグレー (526)

**針** 棒針2号、3号　かぎ針2/0号

**その他** わた3g

### 作り方のポイント

* 本体を編んだら、耳、口まわりを編み出す。
* Aは肩ひもを編み、とじつける。Bはサコッシュを作り、とじつける。しっぽを編み、とじつける。

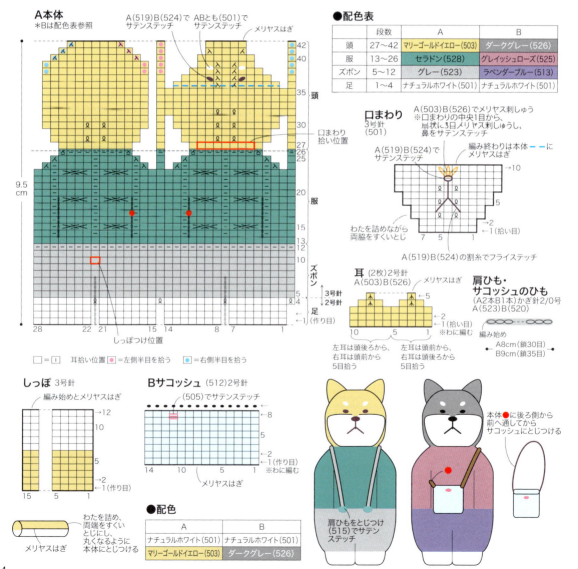

# 17・18 フレンチブルドッグ

Photo ▶ P.6

## 材料と用具

**糸** ハマナカ アメリー エフ《合太》

A…ナチュラルホワイト(501)、ピーチピンク(504)、キャメル(520)、ブラック(524)、ダークグレー(526)、ロイヤルブルー(527)、セラドン(528)、ベージュ(529)

B…ナチュラルホワイト(501)、ピーチピンク(504)、ピンク(505)、バーミリオンオレンジ(507)、オートミール(521)、ダークグレー(526)、ブラック(524)

**針** 棒針2号、3号

**その他** わた3g

## 作り方のポイント

★ 耳、模様、口まわり、しっぽを編み、とじつける。

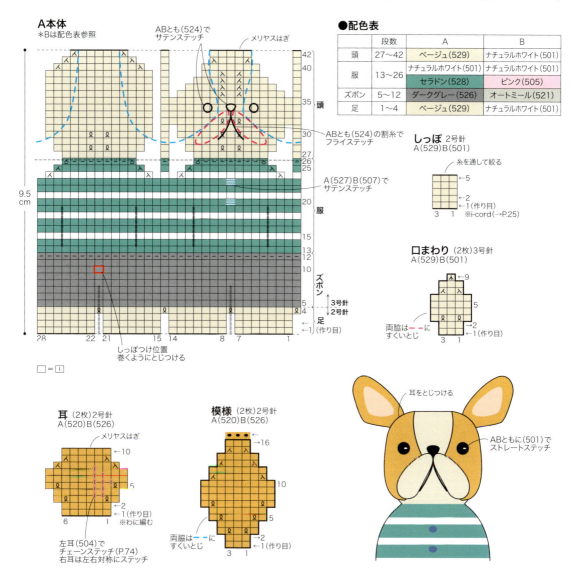

# 19・20 トイプードル

Photo ▶ P.6

### 作り方のポイント

* 本体を編んだら、口まわりを編み出す。Aはスカートを編み出す。
* 耳、しっぽを編み、とじつける。耳にループをつける。

### 材料と用具

**糸** ハマナカ アメリー エフ《合太》
A…マリーゴールドイエロー(503)、キャロットオレンジ(506)、バーミリオンオレンジ(507)、クリムゾンレッド(508)、ネイビーブルー(514)、ブラウン(519)、グレー(523)
B…ナチュラルホワイト(501)、ネイビーブルー(514)、ピーコックグリーン(515)、パロットグリーン(516)、ミントグリーン(517)、ダークグレー(526)、ベージュ(529)

**ハマナカ モヘア**
A…グレー(74) B…ベージュ(15)

**針** 棒針2号、3号

**その他** わた3g

### ●配色表

|  | 段数 | A | B |
|---|---|---|---|
| 頭 | 27〜42 | グレー(523) | ベージュ(529) |
| 服 | 12〜26 | バーミリオンオレンジ(507) | パロットグリーン(516) |
|  |  | キャロットオレンジ(506) | ミントグリーン(517) |
|  |  | クリムゾンレッド(508) | ピーコックグリーン(515) |
|  |  | マリーゴールドイエロー(503) | ナチュラルホワイト(501) |
| ズボン | 5〜11 | グレー(523) | ネイビーブルー(514) |
| 足 | 1〜4 | グレー(523) | ベージュ(529) |

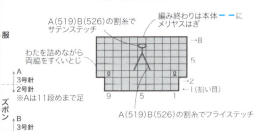

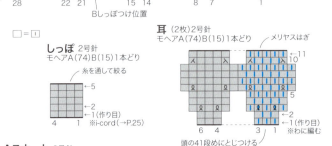

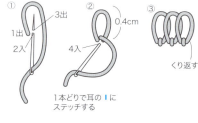

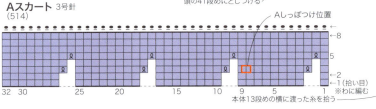

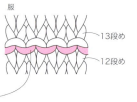

# 21・22 ビーグル

Photo ▶ P.7

### 材料と用具

- **糸** ハマナカ アメリー エフ《合太》
- A… ナチュラルホワイト(501)、クリームイエロー(502)、ネイビーブルー(514)、パロットグリーン(516)、ブラウン(519)、キャメル(520)、ブラック(524)
- B… ナチュラルホワイト(501)、ピンク(505)、フォレストグリーン(518)、ブラウン(519)、キャメル(520)、グレージュ(522)、ブラック(524)
- **針** 棒針2号、3号
- **その他** わた3g

### 作り方のポイント

\* 本体を編んだら、口まわりを編み出す。
\* 耳、しっぽを編み、とじつける。

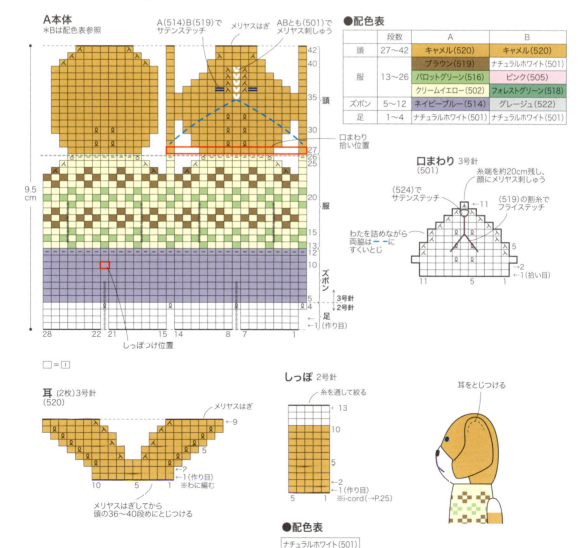

# 23・24 ミニチュアシュナウザー

Photo ▶ P.7

### 材料と用具

**糸** ハマナカ　アメリー エフ《合太》
A…ナチュラルホワイト(501)、グレー(523)、ブラック(524)、グレイッシュローズ(525)、セラドン(528)
B…ナチュラルホワイト(501)、パロットグリーン(516)、ブラウン(519)、ブラック(524)、ダークグレー(526)
**ハマナカ　モヘア**
AB共通 …生成り(61)
**針** 棒針2号、3号
**その他** わた3g

### 作り方のポイント

★ 本体を編んだら、耳、口まわりを編み出す。
★ しっぽを編み、とじつける。

●配色表

|  | 段数 | A | B |
|---|---|---|---|
| 頭 | 27～42 | グレー(523) | ダークグレー(526) |
| 服 | 13～26 | ナチュラルホワイト(501) | ナチュラルホワイト(501) |
|  |  | グレイッシュローズ(525) | パロットグリーン(516) |
| ズボン | 5～12 | セラドン(528) | ブラウン(519) |
| 足 | 1～4 | ナチュラルホワイト(501) | ナチュラルホワイト(501) |

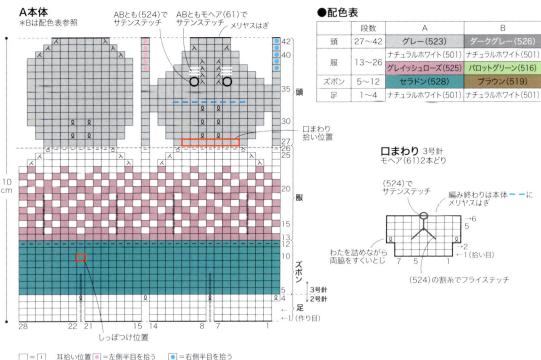

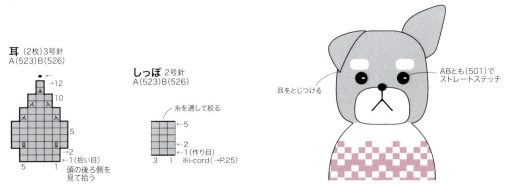

# 25・26 ボーダーコリー

Photo ▶ P.7

### 材料と用具

**糸** ハマナカ アメリー エフ《合太》
A…ナチュラルホワイト(501)、クリムゾンレッド(508)、ラベンダーブルー(513)、ネイビーブルー(514)、ブラウン(519)、キャメル(520)、グレイッシュローズ(525)
B…ナチュラルホワイト(501)、クリムゾンレッド(508)、ネイビーブルー(514)、ピーコックグリーン(515)、ブラウン(519)、ダークグレー(526)

**針** 棒針2号、3号
**その他** わた3g

### 作り方のポイント

★ 本体を編んだら、耳、鼻先を編み出す。耳の毛をつける。

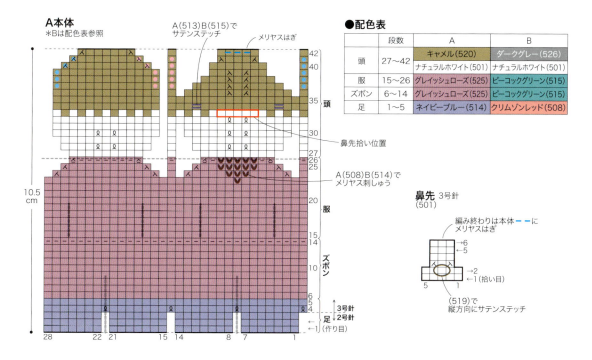

●配色表

|  | 段数 | A | B |
|---|---|---|---|
| 頭 | 27〜42 | キャメル(520) | ダークグレー(526) |
|  |  | ナチュラルホワイト(501) | ナチュラルホワイト(501) |
| 服 | 15〜26 | グレイッシュローズ(525) | ピーコックグリーン(515) |
| ズボン | 6〜14 | グレイッシュローズ(525) | ピーコックグリーン(515) |
| 足 | 1〜5 | ネイビーブルー(514) | クリムゾンレッド(508) |

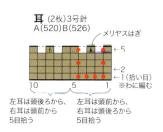

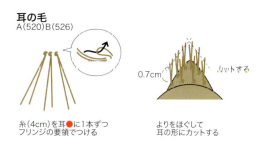

# 27・28・29 フクロウ

Photo ▶ P.8

### 材料と用具

**糸** ハマナカ アメリー エフ《合太》
A…ナチュラルホワイト(501)、マリーゴールドイエロー(503)、バーミリオンオレンジ(507)、ブラウン(519)、オートミール(521)、ブラック(524)
B…ナチュラルホワイト(501)、マリーゴールドイエロー(503)、ブラウン(519)、キャメル(520)、グレージュ(522)、ブラック(524)
C…ナチュラルホワイト(501)、マリーゴールドイエロー(503)、ライトブルー(512)、ラベンダーブルー(513)、ブラウン(519)、ブラック(524)
**針** 棒針3号、4号
**その他** わた4g

### 作り方のポイント

* くちばしを編み、とじつける。
* まゆをつける。

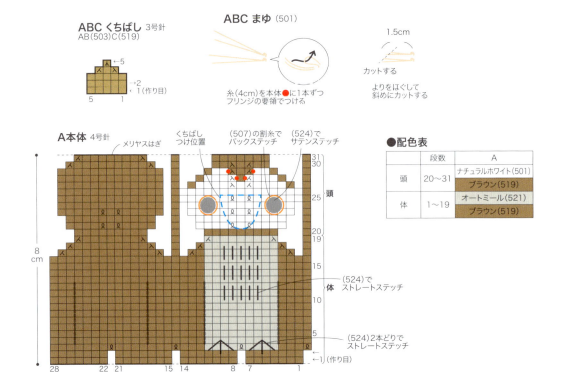

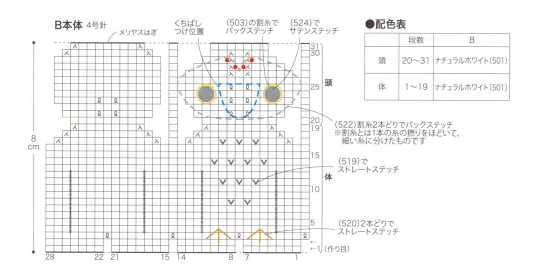
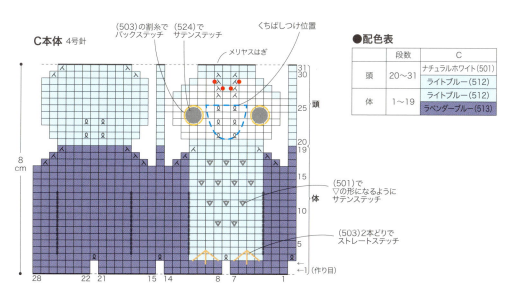

41

# 30 ニワトリ

Photo ▶ P.8

### 材料と用具

糸　ハマナカ　アメリー エフ《合太》
A…ナチュラルホワイト (501)、クリームイエロー (502)、マリーゴールドイエロー (503)、クリムゾンレッド (508)、フォレストグリーン (518)、ダークグレー (526)、ライトグリーン (530)

針　棒針3号、4号　かぎ針2/0号、4/0号

その他　わた4g

### 作り方のポイント

* 本体を編んだら、タンクトップを編み出す。肩ひもを編み、タンクトップにはぐ。トサカを編みつける。
* 足、ニクゼンを編み、とじつける。

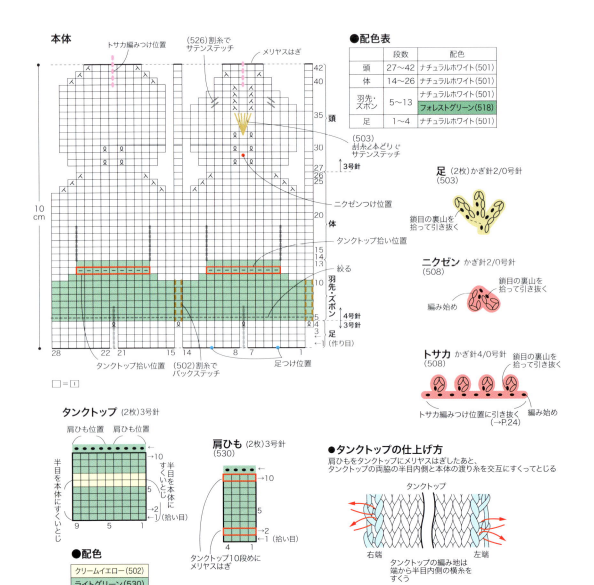

# 31 ヒヨコ

Photo ▶ P.8

### 材料と用具

**糸** ハマナカ アメリー エフ《合太》
A…ナチュラルホワイト (501)、クリームイエロー (502)、キャロットオレンジ (506)、パープルヘザー (510)、パープルヘイズ (511)、ダークグレ (526)

**針** 棒針3号、4号　かぎ針2/0号、3/0号

**その他** わた4g

### 作り方のポイント

★ 本体を編んだら、タンクトップを編み出す。肩ひもを編み、タンクトップにはぐ。
★ 足、くちばしをとじつける。

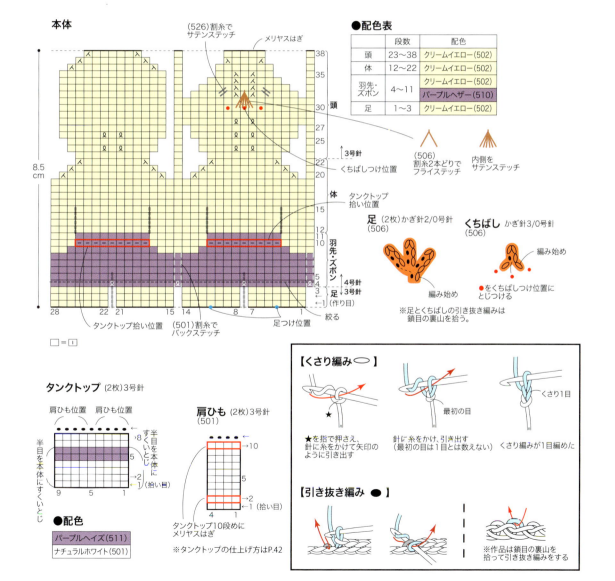

# 32・33 シマエナガ

Photo ▶ P.8

A B

### 材料と用具

**糸** ハマナカ　アメリー エフ《合太》
A…ナチュラルホワイト(501)、キャメル(520)、ブラック(524)、ダークグレー(526)
B…ナチュラルホワイト(501)、ライトブルー(512)、ブラック(524)、ダークグレー(526)

ハマナカ　純毛中細
AB共通 …白(26)

**針** 棒針2号、3号、4号

**その他** わた4g

### 作り方のポイント

★ 本体を編んだら、タートルネックを編み出す。
★ 尾羽長・短を編み、とじつける。

### ●配色表

| | 段数 | A | B |
|---|---|---|---|
| 頭 | 23〜38 | 純毛中細(26) | 純毛中細(26) |
| 服 | 9〜22 | ナチュラルホワイト(501) | ナチュラルホワイト(501) |
| ズボン | 1〜8 | キャメル(520) | ライトブルー(512) |

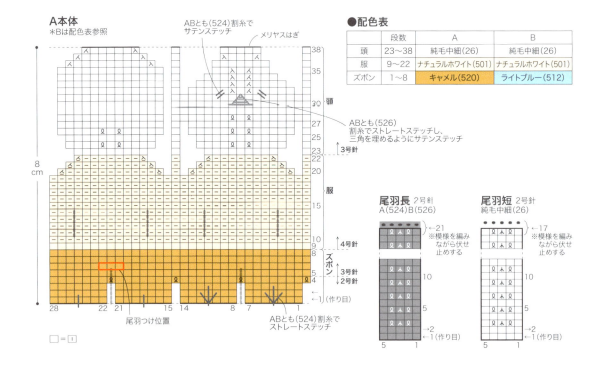

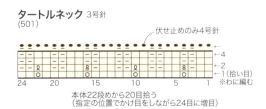

尾羽短の上に尾羽長を重ねて作り目側を一緒にとじつける

# 34・35 イノシシ

Photo ▶P.8

### 材料と用具

**糸** ハマナカ アメリー エフ《合太》

A…ナチュラルホワイト(501)、ラベンダーブルー(513)、パロットグリーン(516)、ブラウン(519)、キャメル(520)、ブラック(524)

B…ナチュラルホワイト(501)、マリーゴールドイエロー(503)、フォレストグリーン(518)、ブラウン(519)、キャメル(520)、ブラック(524)

**針** 棒針2号、3号、4号　かぎ針3/0号

### 作り方のポイント

* 本体を編んだら、耳を編み出す。Aは胸当てを編み出す。
* Aは肩ひもを編みとじつける。

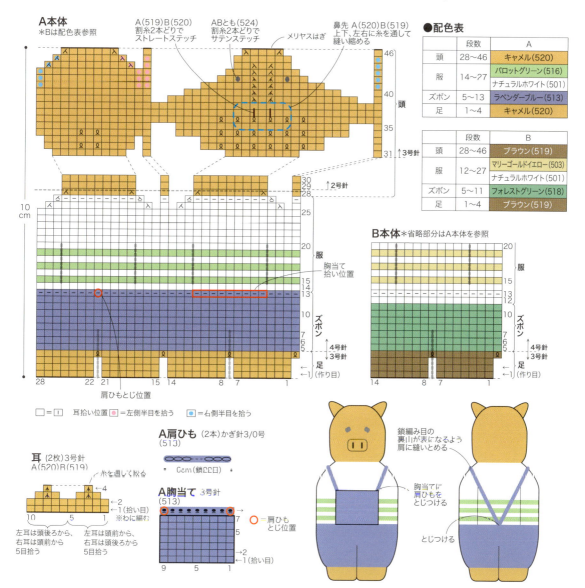

# 36・37 クマのペア

Photo ▶ P.8

### 材料と用具

**糸** ハマナカ アメリー エフ《合太》
A…ナチュラルホワイト(501)、クリームイエロー(502)、ブラウン(519)、グレージュ(522)、セラドン(528)
B…クリームイエロー(502)、キャロットオレンジ(506)、パロットグリーン(516)、キャメル(520)、グレイッシュローズ(525)、ブラック(524)

**針** AB共通…棒針2号、3号　B…かぎ針3/0号

**その他** わた4g

### 作り方のポイント

★ 本体を編んだら、耳を編み出す。Bはスカートと胸当てを編み出す。
★ Bは肩ひもを編み、とじつける。

● 配色表

| | 段数 | A | B |
|---|---|---|---|
| 頭 | 27〜42 | ナチュラルホワイト(501) | キャメル(520) |
| 服 | 13〜26 | グレージュ(522) / クリームイエロー(502) | クリームイエロー(502) |
| Aズボン Bスパッツ | A5〜12 B9〜12 | セラドン(528) | グレイッシュローズ(525) |
| 足 | A1〜4 B1〜8 | ナチュラルホワイト(501) | キャメル(520) |

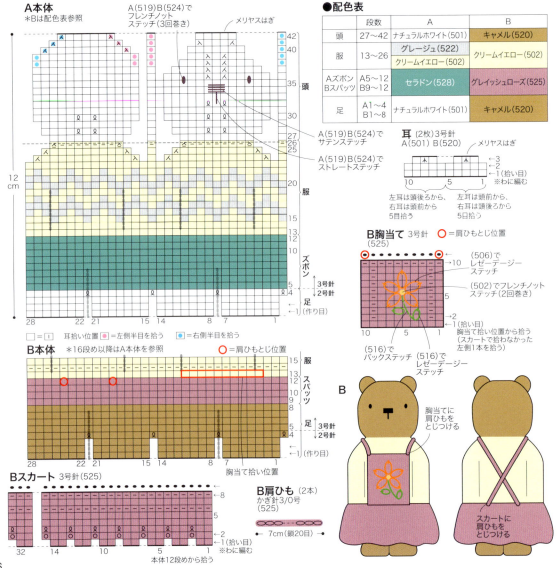

# 38・39 キツネ

Photo ▶P.9

### 材料と用具

**糸** ハマナカ　アメリー エフ《合太》
A…マリーゴールドイエロー(503)、ピンク(505)、パロットグリーン(516)、ブラウン(519)、グレージュ(522)、ブラック(524)、ダークグレー(526)
B…クリームイエロー(502)、マリーゴールドイエロー(503)、ラベンダーブルー(513)、パロットグリーン(516)、ブラウン(519)、キャメル(520)、ブラック(524)
ハマナカ　モヘア
AB共通 …生成り(61)
**針** AB共通…棒針2号、3号　B…かぎ針2/0号
**その他** わた3g

### 作り方のポイント
* 本体を編んだら、耳、口まわりを編み出す。
* しっぽ、肩ひもを編み、とじつける。

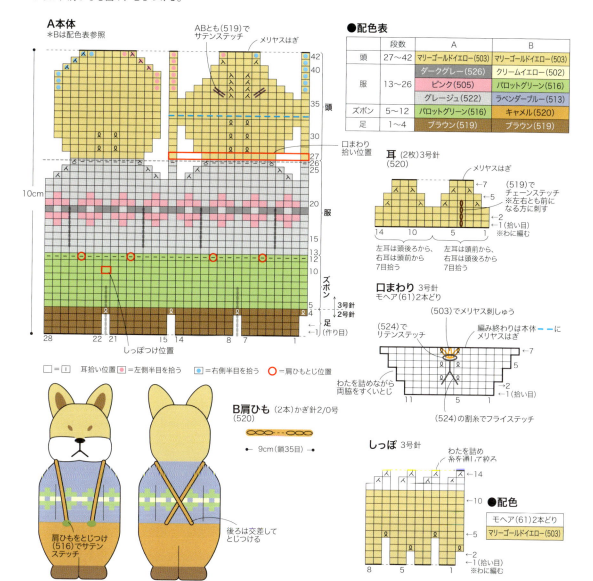

47

# 40・41 立ち耳ウサギ

Photo ▶ P.9

### 材料と用具

**糸** ハマナカ　アメリー エフ《合太》
A… ナチュラルホワイト(501)、マリーゴールドイエロー(503)、ピーチピンク(504)、ブラウン(519)、グレー(523)
B… ピーチピンク(504)、バーミリオンオレンジ(507)、ピーコックグリーン(515)、ブラウン(519)、キャメル(520)、グレージュ(522)

**針** 棒針2号、3号
**その他** わた3g

### 作り方のポイント

★ 本体を編んだら、耳、口まわりを編み出す。Aはスカートを編み出す。
★ しっぽを編み、とじつける。

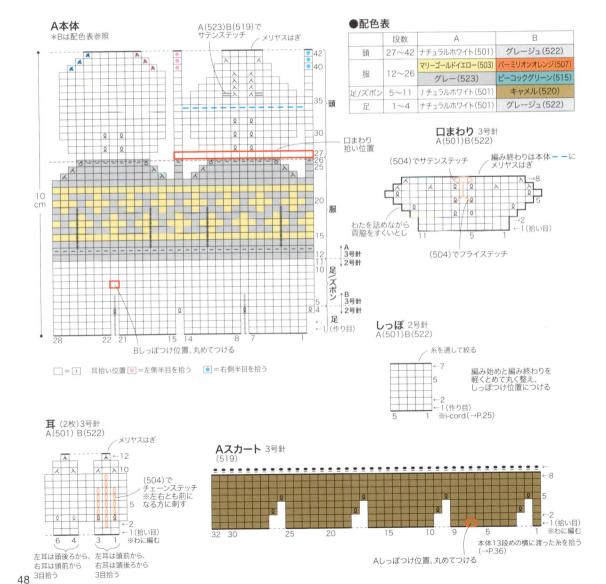

# 42・43 たれ耳ウサギ

Photo ▶ P.9

## 材料と用具

**糸** ハマナカ アメリー エフ《合太》
A…ピーチピンク(504)、ピンク(505)、ネイビーブルー(514)、グレー(523)、ブラック(524)、グレイッシュローズ(525)、ライトグリーン(530)
B…ナチュラルホワイト(501)、ピーチピンク(504)、クリムゾンレッド(508)、ブラウン(519)、キャメル(520)、ブラック(524)

**針** 棒針2号、3号

**その他** わた3g

## 作り方のポイント

★ 本体を編んだら、口まわりを編み出す。
★ 耳、しっぽ、ボウタイを編み、とじつける。

●配色表

| | 段数 | A | B |
|---|---|---|---|
| 頭 | 27〜42 | グレー(523) | キャメル(520) |
| 服 | 13〜26 | ピンク(505) | クリムゾンレッド(508) |
| | | グレイッシュローズ(525) | ブラック(524) |
| | | ブラック(524) | ナチュラルホワイト(501) |
| ズボン | 5〜12 | ライトグリーン(530) | クリムゾンレッド(508) |
| 足 | 1〜4 | グレー(523) | キャメル(520) |

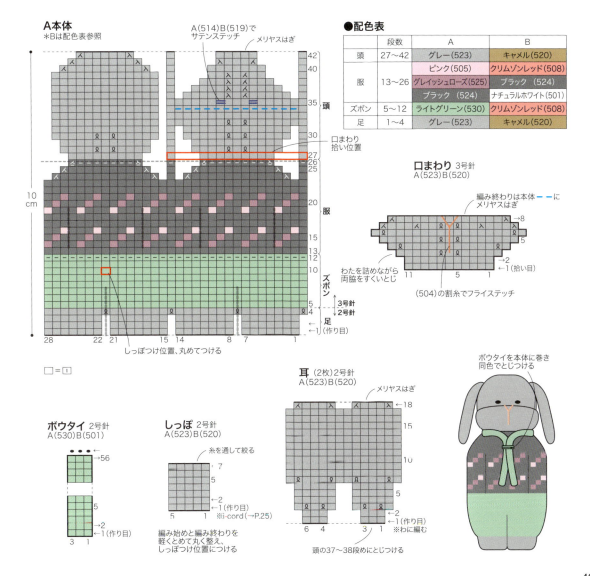

# 44・45 ネズミ

Photo ▶ P.9

### 材料と用具

**糸** ハマナカ アメリー エフ《合太》
A…ピーチピンク(504)、ダークレッド(509)、パロットグリーン(516)、グレー(523)、グレイッシュローズ(525)、ダークグレー(526)
B…ピーチピンク(504)、クリムゾンレッド(508)、ミントグリーン(517)、ブラウン(519)、キャメル(520)、ライトグリーン(530)

ハマナカ モヘア
A…生成り(61) B…クリーム(11)

**針** 棒針2号、3号
**その他** わた3g

### 作り方のポイント

* 本体を編んだら、耳、口まわりを編み出す。
* しっぽ、マフラーを編み、とじつける。

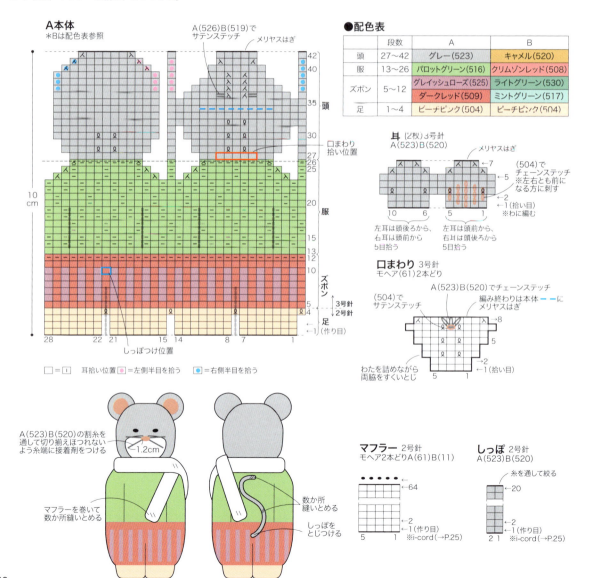

# 46・47 ハムスター

Photo ▶ P.9

### 材料と用具

**糸** ハマナカ アメリー エフ《合太》
A…ナチュラルホワイト (501)、マリーゴールドイエロー (503)、ピーチピンク (504)、キャロットオレンジ (506)、キャメル (520)、グレージュ (522)、ダークグレー (526)
B…クリームイエロー (502)、ピーチピンク (504)、ライトブルー (512)、パロットグリーン (516)、フォレストグリーン (518)、ブラウン (519)、グレージュ (522)、ダークグレー (526)

**ハマナカ モヘア**
A…生成り (61)　B…クリーム (11)
**針** 棒針2号、3号
**その他** わた3g

### 作り方のポイント

* 本体を編んだら、耳、口まわりを編み出す。
* しっぽを編み、とじつける。

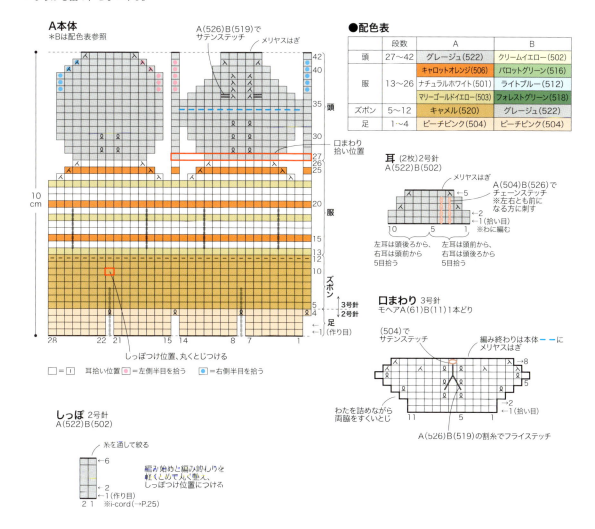

# 48・49 リス

Photo ▶ P.10

### 材料と用具

- 糸 ハマナカ アメリー エフ《合太》
  A…ナチュラルホワイト(501)フォレストグリーン(518)、ブラウン(519)、キャメル(520)、ブラック(524)、ベージ(529)
  B…ナチュラルホワイト(501)バーミリオンオレンジ(507)、ブラウン(519)、キャメル(520)、ブラック(524)、ベージ(529)
- 針 棒針2号、3号、4号
- その他 わた4g

**作り方のポイント**

* 本体を編んだら、耳を編み出す。本体にメリヤス刺しゅうをする。
* 足、しっぽを編み、足をとじつける。しっぽにフリンジを作り(P.25)、とじつける。
* ケープを編み首に巻き、とじつける。

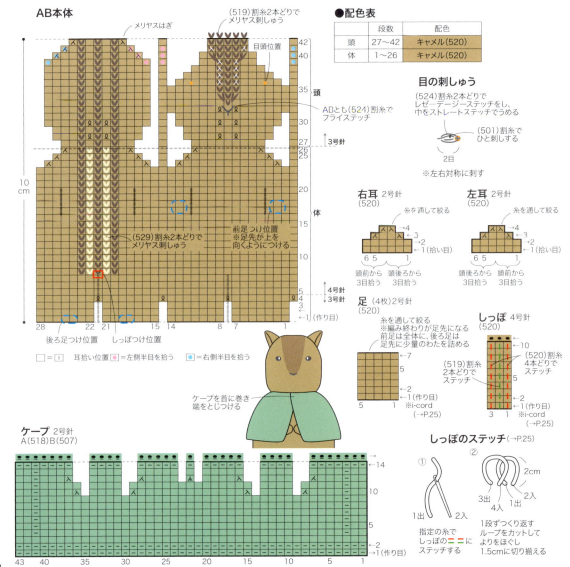

# 50 ヒグマ、51 シロクマ

Photo ▶P.10

## 材料と用具

**糸** ハマナカ　アメリー エフ《合太》
A…クリムゾンレッド（508）、ブラウン（519）、キャメル（520）、ブラック（524）
B…ナチュラルホワイト（501）、ピーコックグリーン（515）、キャメル（520）、ダークグレー（526）
**針** 棒針3号、4号針　かぎ針4/0号
**その他** わた4g

## 作り方のポイント

★ 本体を編んだら、耳を編み出す。
★ 肩ひもを編みとじつける。

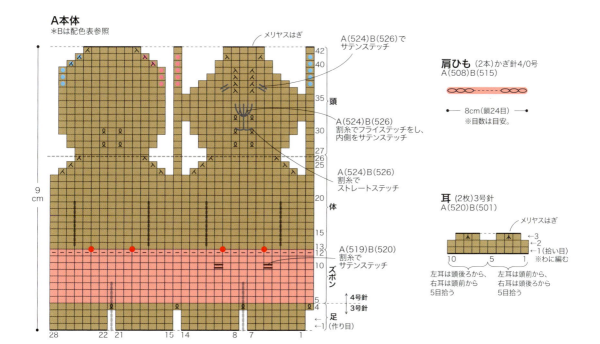

### ●配色表

| | 段数 | A | B |
|---|---|---|---|
| 頭 | 27～42 | キャメル(520) | ナチュラルホワイト(501) |
| 体 | 13～26 | キャメル(520) | ナチュラルホワイト(501) |
| ズボン | 5～12 | クリムゾンレッド(508) | ピーコックグリーン(515) |
| 足 | 1～4 | キャメル(520) | ナチュラルホワイト(501) |

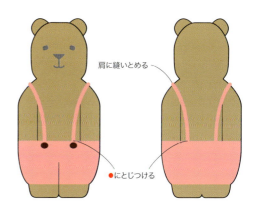

# 52 マレーグマ、53 ツキノワグマ

Photo ▶ P.10

A    B

## 材料と用具

**糸** ハマナカ　アメリー エフ《合太》
A…キャロットオレンジ (506)、フォレストグリーン (518)、ブラウン (519)、キャメル (520)、ブラック (524)
B…クリームイエロー (502)、マリーゴールドイエロー (503)、ブラウン (519)、ブラック (524)、ベージュ (529)

**針** A…棒針2号、3号　かぎ針4/0号
　　 B…棒針3号、4号　かぎ針4/0号

**その他** わた4g

## 作り方のポイント

★ 本体を編んだら、耳を編み出す。
★ 胸に刺繍をし、肩ひもを編みとじつける。

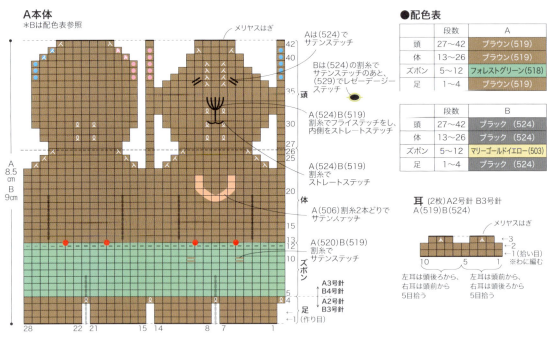

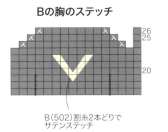

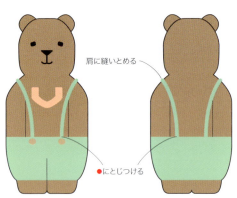

54

# 54・55 ウマ

Photo ▶ P.11

## 材料と用具

**糸** ハマナカ　アメリー エフ《合太》
A… ナチュラルホワイト(501)、クリムゾンレッド(508)、ダークレッド(509)、ブラウン(519)、キャメル(520)、ブラック(524)
B… ナチュラルホワイト(501)、ブラック(524)、ダークグレー(526)、ベージュ(529)

**針** 棒針2号、3号、4号

**その他** わた4g

## 作り方のポイント

★ 本体を編んだら、耳を編み出す。
★ 前髪とたてがみをつける。

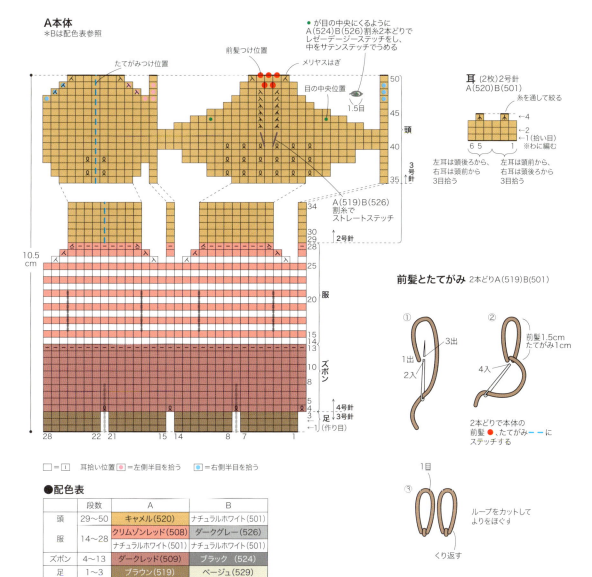

# 56・57 アルパカ

Photo ▶ P.11

### 材料と用具

**糸** ハマナカ　アメリー エフ《合太》
A…ナチュラルホワイト(501)、グレー(523)、ダークグレー(526)
B…ブラウン(519)、キャメル(520)、ブラック(524)
**ハマナカ　モヘア**
AB共通… 白(1)、ベージュ(92)
**針** 棒針2号、3号、4号
**その他** わた4g

### 作り方のポイント

★ 本体を編んだら、耳を編み出す。
★ 頭の毛をつける。
★ マフラーを編み、首にとじつける。

●配色表

| | 段数 | A | B |
|---|---|---|---|
| 頭 | 35〜50 | ナチュラルホワイト(501) | キャメル(520) |
| 体 | 9〜34 | モヘア(1)2本どり | モヘア(92)2本どり |
| 足 | 1〜8 | ナチュラルホワイト(501) | キャメル(520) |

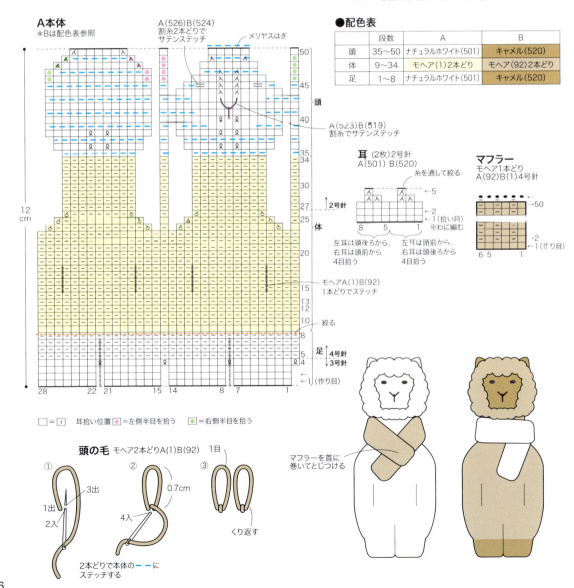

# 58・59 キリン

Photo ▶ P.11

### 材料と用具

糸　ハマナカ　アメリー エフ《合太》

A… クリームイエロー (502)、バーミリオンオレンジ (507)、ブラウン (519)、キャメル (520)、ベージュ (529)

B… ナチュラルホワイト (501)、マリーゴールドイエロー (503)、キャメル (520)、ブラウン (519)、セラドン (528)

針　棒針2号、3号、4号

その他　わた4g

### 作り方のポイント

★ 本体を編んだら、耳を編み出す。
★ つのを編みとじつける。たてがみをつける。

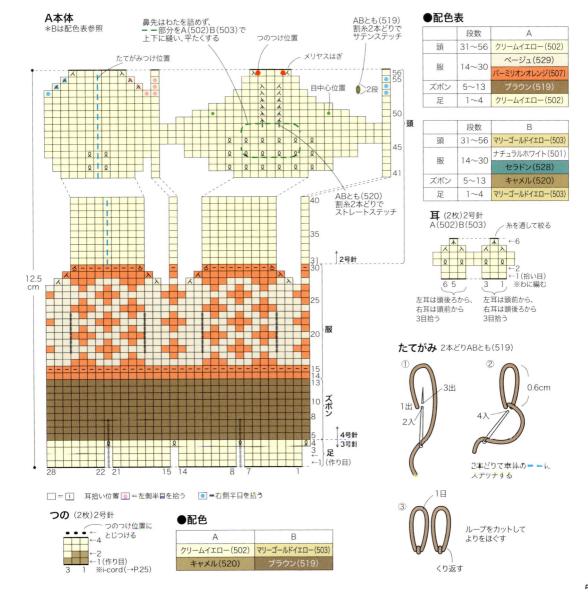

# 60・61 シカの親子

Photo ▶ P.12

A　B

## 作り方のポイント

★ 本体を編んだら、耳を編み出す。
★ しっぽを編み、とじつける。Bはつのを編み、とじつける。
★ Aはマフラー、Bはショールを編み、首に巻く。

## 材料と用具

**糸** ハマナカ　アメリー エフ《合太》
A…マリーゴールドイエロー (503)、ブラウン (519)、キャメル (520)、グレージュ (522)、ロイヤルブルー (527)、ベージュ (529)
B…ブラウン (519)

ハマナカ　アメリー
B…キャメル (8)、ナチュラルブラウン (23)、コーラルピンク (27)、フォレストグリーン (34)、ライラック (42)

**針** A…棒針3号、4号、かぎ針3/0号　B…棒針5号、6号、かぎ針6/0号

**その他** わた A…4g、B…7g

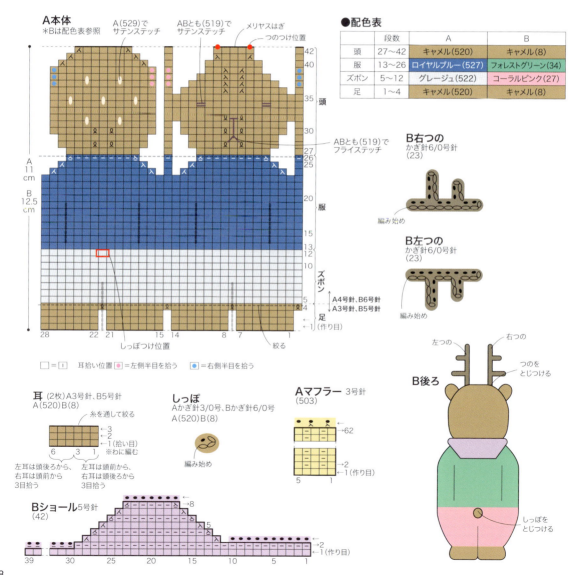

# 62・63 パンダ

Photo ▶ P.12

### 材料と用具

**糸** ハマナカ　アメリー エフ《合太》
A…ナチュラルホワイト（501）、バーミリオンオレンジ（507）、ブラック（524）
B…ナチュラルホワイト（501）、ネイビーブルー（514）、ブラック（524）

**針** 棒針3号、4号、かぎ針3/0号

**その他** わた4g

### 作り方のポイント

* 本体を編んだら、耳を編み出す。
* しっぽを編み、とじつける。

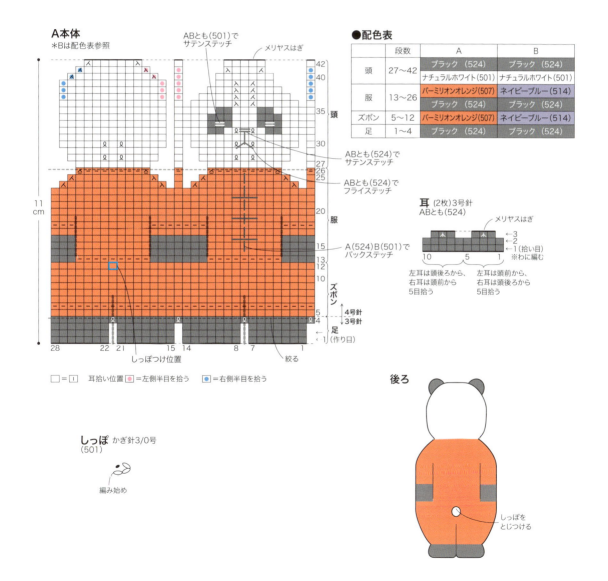

# 64・65 コアラ

Photo ▶ P.12

### 材料と用具

**糸** ハマナカ アメリー エフ《合太》
A…クリムゾンレッド(508)、グレー(523)、ブラック(524)、ロイヤルブルー(527)
B…パロットグリーン(516)、グレージュ(522)、ブラック(524)、ロイヤルブルー(527)
**針** 棒針3号、4号
**その他** わた4g

### 作り方のポイント

★ 本体を編んだら、胸当てを編み出す。
★ 耳を編み、とじつける。

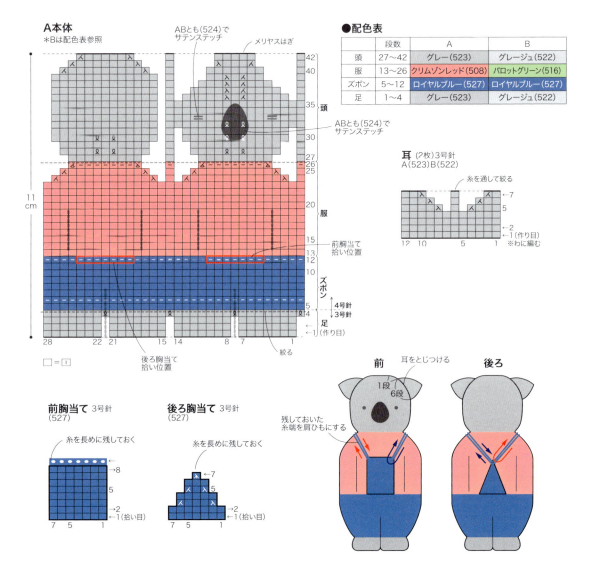

# 66・67 ビーバー

Photo ▶ P.12

### 材料と用具

**糸** ハマナカ　アメリー エフ《合太》
A…ナチュラルホワイト (501)、ピーコックグリーン (515)、ブラウン (519)、キャメル (520)、グレージュ (522)
B…ナチュラルホワイト (501)、ピーチピンク (504)、キャロットオレンジ (506)、ブラウン (519)、キャメル (520)

**針** 棒針3号、4号

**その他** わた4g

### 作り方のポイント

* 本体を編んだら、耳を編み出す。
* しっぽを編み、とじつける。

### ●配色表

| | 段数 | A | B |
|---|---|---|---|
| 頭 | 27〜42 | キャメル(520) | キャメル(520) |
| 服 | 13〜26 | グレージュ(522) | キャロットオレンジ(506) |
| ズボン | 5〜12 | ピーコックグリーン(515) | ピーチピンク(504) |
| 足 | 1〜4 | キャメル(520) | キャメル(520) |

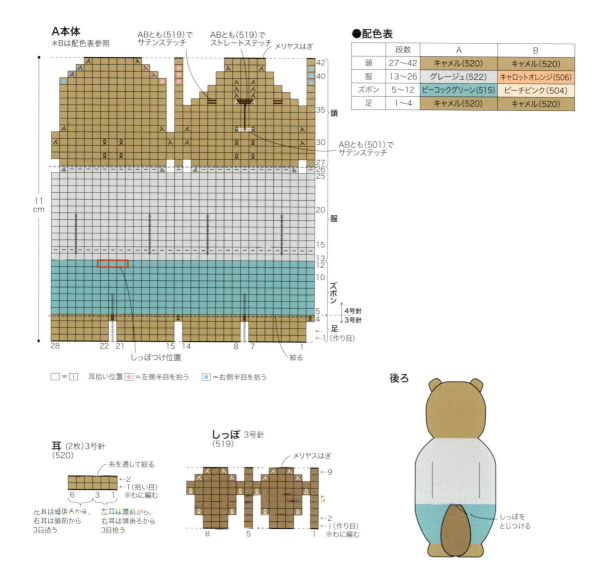

# 68・69 トラ

Photo ▶ P.12

### 材料と用具

**糸** ハマナカ　アメリー エフ《合太》
A…ナチュラルホワイト(501)、マリーゴールドイエロー(503)、ネイビーブルー(514)、ブラウン(519)
B…ナチュラルホワイト(501)、マリーゴールドイエロー(503)、バーミリオンオレンジ(507)、ブラウン(519)
**針** 棒針3号、4号
**その他** わた4g

### 作り方のポイント

★ 本体を編んだら、耳を編み出す。
★ しっぽを編み、とじつける。

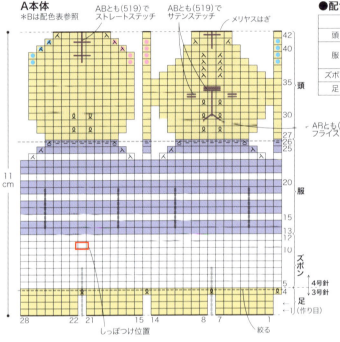

### ●配色表

| 段数 | | A | B |
|---|---|---|---|
| 頭 | 27～42 | マリーゴールドイエロー(503) | マリーゴールドイエロー(503) |
| 服 | 13～26 | ナチュラルホワイト(501) | ナチュラルホワイト(501) |
| | | ネイビーブルー(514) | バーミリオンオレンジ(507) |
| ズボン | 5～12 | ナチュラルホワイト(501) | ナチュラルホワイト(501) |
| 足 | 1～4 | マリーゴールドイエロー(503) | マリーゴールドイエロー(503) |

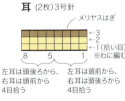

後ろ

しっぽをとじつける

### ●配色表

| ブラウン(519) |
| マリーゴールドイエロー(503) |

# 70・71 サル

Photo ▶ P.13

### 材料と用具

**糸** ハマナカ アメリー エフ《合太》
A…クリームイエロー(502)、ピーチピンク(504)、キャロットオレンジ(506)、キャメル(520)、グレイッシュローズ(525)
B…クリームイエロー(502)、ピーチピンク(504)、キャメル(520)、グレイッシュローズ(525)、ライトグリーン(530)
**針** 棒針3号
**その他** わた3g

### 作り方のポイント

★ 本体を編んだら、耳を編み出す。

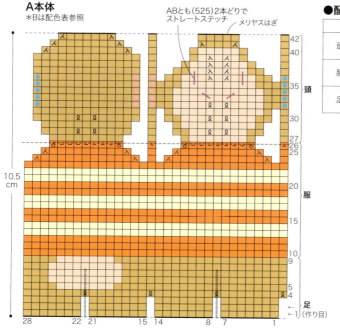

●配色表

|   | 段数 | A | B |
|---|---|---|---|
| 頭 | 27〜42 | ピーチピンク(504) | ピーチピンク(504) |
|   |   | キャメル(520) | キャメル(520) |
| 服 | 10〜26 | クリームイエロー(502) | クリームイエロー(502) |
|   |   | キャロットオレンジ(506) | ライトグリーン(530) |
| 足 | 1〜9 | ピーチピンク(504) | ピーチピンク(504) |
|   |   | キャメル(520) | キャメル(520) |

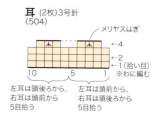

# 72・73 ハリネズミ

Photo ▶ P.13

### 材料と用具

**糸** ハマナカ　アメリー エフ《合太》
A…ナチュラルホワイト(501)、ピーチピンク(504)、ブラウン(519)、オートミール(521)
B…ナチュラルホワイト(501)、ピーチピンク(504)、ブラウン(519)、ベージュ(529)

**針** 棒針3号、かぎ針3/0号

**その他** わた3g

### 作り方のポイント

★ 本体を編んだら、耳、しっぽ、リボンを編み、とじつける。

●配色表

|  | 段数 | A | B |
|---|---|---|---|
| 頭 | 19〜34 | ピーチピンク(504) | ピーチピンク(504) |
|  |  | ナチュラルホワイト(501) | ナチュラルホワイト(501) |
|  |  | オートミール(521) | ベージュ(529) |
| 体 | 1〜18 | ナチュラルホワイト(501) | ナチュラルホワイト(501) |
|  |  | オートミール(521) | ベージュ(529) |

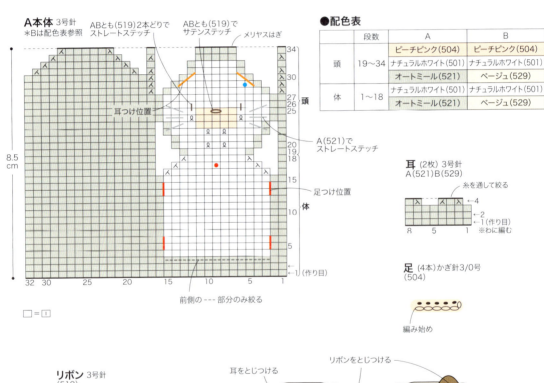

# 74・75 アザラシ

Photo ▶ P.13

### 材料と用具

**糸** ハマナカ アメリー エフ《合太》

A… グレージュ(522)、ダークグレー(526)、ロイヤルブルー(527)、ブラック(524)

B… ナチュラルホワイト(501)、クリムゾンレッド(508)、グレー(523)、ブラック(524)

**針** 棒針3号

**その他** わた3g

### 作り方のポイント

★ 本体を編んだら、目とひげをステッチし、脇をぐし縫いして絞る。

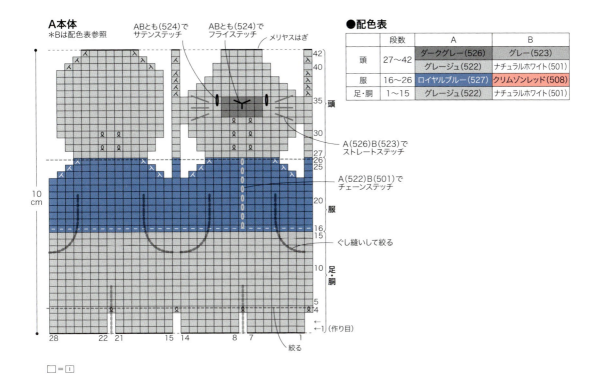

●配色表

|   | 段数 | A | B |
|---|---|---|---|
| 頭 | 27〜42 | ダークグレー(526) | グレー(523) |
|   |   | グレージュ(522) | ナチュラルホワイト(501) |
| 服 | 16〜26 | ロイヤルブルー(527) | クリムゾンレッド(508) |
| 足・胴 | 1〜15 | グレージュ(522) | ナチュラルホワイト(501) |

□ = ☐

# 76・77 レッサーパンダ

Photo ▶ P.13

### 材料と用具

**糸** ハマナカ アメリー エフ《合太》
A…ピーチピンク(504)、キャロットオレンジ(506)、パープルヘイズ(511)、ブラウン(519)
B…ナチュラルホワイト(501)、キャロットオレンジ(506)、ブラウン(519)、セラドン(528)

**針** 棒針3号

**その他** わた4g

### 作り方のポイント

★ 本体を編んだら、耳を編み出す。
★ しっぽを編み出す。

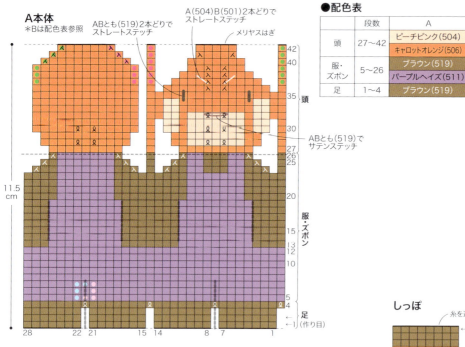

### ●配色表

| | 段数 | A | B |
|---|---|---|---|
| 頭 | 27〜42 | ピーチピンク(504) | ナチュラルホワイト(501) |
| | | キャロットオレンジ(506) | キャロットオレンジ(506) |
| 服・ズボン | 5〜26 | ブラウン(519) | ブラウン(519) |
| | | パープルヘイズ(511) | セラドン(528) |
| 足 | 1〜4 | ブラウン(519) | ブラウン(519) |

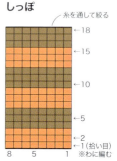

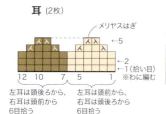

### ●耳の配色表

| A | B |
|---|---|
| ブラウン(519) | ブラウン(519) |
| ピーチピンク(504) | ナチュラルホワイト(501) |

### ●しっぽの配色表

| |
|---|
| ブラウン(519) |
| キャロットオレンジ(506) |

66

# 78・79・80 ヤギ

Photo ▶ P.14

### 材料と用具

**糸** ハマナカ　アメリー エフ《合太》

A…ナチュラルホワイト(501)、ピーチピンク(504)、ピーコックグリーン(515)、パロットグリーン(516)、キャメル(520)、ロイヤルブルー(527)、セラドン(528)

B…ナチュラルホワイト(501)、ピーチピンク(504)、ダークレッド(509)、ブラウン(519)、キャメル(520)、オートミール(521)、セラドン(528)

C…ナチュラルホワイト(501)、ピーチピンク(504)、ミントグリーン(517)、キャメル(520)、グレージュ(522)、セラドン(528)

**針** 棒針2号、3号、かぎ針2/0号

**その他** わた3g

### 作り方のポイント

★ 本体を編んだら、耳を編み出す。
★ つのを編んでとじつける。ひげをつける。
★ Aはスカーフを編み、とじつける。

●配色表

|  | 段数 | A | B | C |
|---|---|---|---|---|
| 頭 | 27〜42 | ナチュラルホワイト(501) | ナチュラルホワイト(501) | ナチュラルホワイト(501) |
| 服 | 15〜26 | ピーコックグリーン(515) | ダークレッド(509) | グレージュ(522) |
| ベルト | 13・14 | ロイヤルブルー(527) | オートミール(521) | ミントグリーン(517) |
| ズボン | 7〜12 | | | セラドン(528) |
| 足 | 1〜6 | パロットグリーン(516) | ブラウン(519) | ミントグリーン(517) |

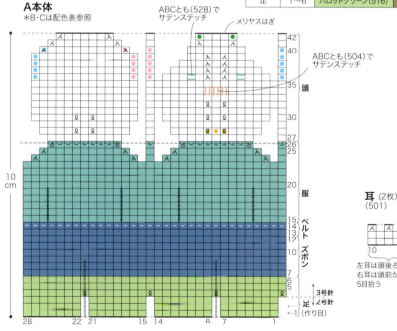

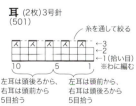

▶▶▶ P.68へ続く

67

▶▶▶ P.67から続く

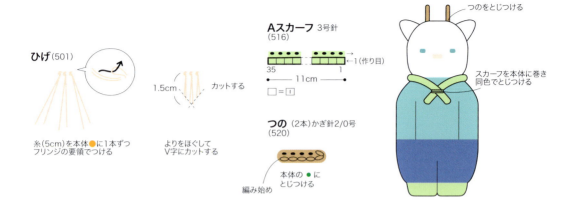

▶▶▶ P.69から続く

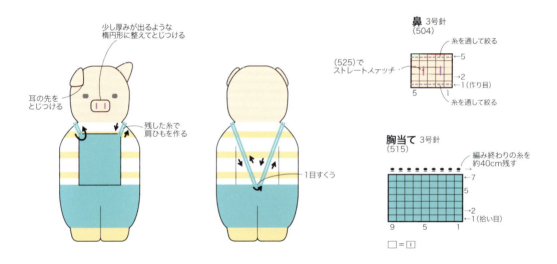

# 81・82・83 ブタ

Photo ▶ P.14

### 材料と用具

**糸** ハマナカ　アメリー エフ《合太》

A…ナチュラルホワイト(501)、マリーゴールドイエロー(503)、ピーチピンク(504)、ピーコックグリーン(515)、グレイッシュローズ(525)、ダークグレー(526)

B…ナチュラルホワイト(501)、ピーチピンク(504)、ピーコックグリーン(515)、パロットグリーン(516)、グレイッシュローズ(525)、ダークグレー(526)

C…ナチュラルホワイト(501)、ピーチピンク(504)、ダークレッド(509)、ピーコックグリーン(515)、グレイッシュローズ(525)、ダークグレー(526)

**針** 棒針2号、3号

**その他** わた3g

### 作り方のポイント

★ 本体を編んだら、耳、胸当てを編み出す。
★ 鼻を編み、とじつける。

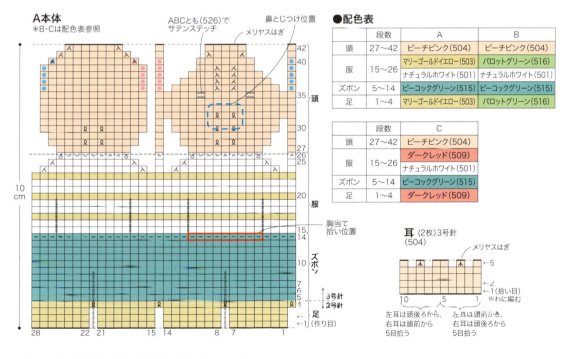

▶▶▶ P.68へ続く

69

# 84・85 ウシ

Photo ▶ P.14

### 作り方のポイント

* 本体を編んだら、耳を編み出す。
* 鼻、スカーフを編み、とじつける。

### 材料と用具

**糸** ハマナカ アメリー エフ《合太》

A…ナチュラルホワイト (501)、マリーゴールドイエロー (503)、ピーチピンク (504)、ネイビーブルー (514)、ブラウン (519)、グレー (523)、ブラック (524)、グレイッシュローズ (525)、ダークグレー (526)、セラドン (528)

B…ナチュラルホワイト (501)、クリムゾンレッド (508)、ラベンダーブルー (513)、ブラウン (519)、キャメル (520)、グレー (523)、ブラック (524)、ベージュ (529)

**針** 棒針2号、3号

**その他** わた3g

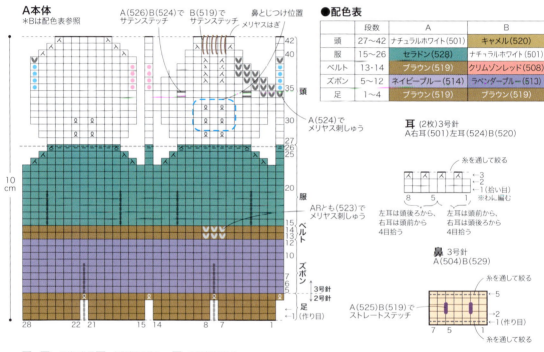

| | 段数 | A | B |
|---|---|---|---|
| 頭 | 27～42 | ナチュラルホワイト(501) | キャメル(520) |
| 服 | 15～26 | セラドン(528) | ナチュラルホワイト(501) |
| ベルト | 13・14 | ブラウン(519) | クリムゾンレッド(508) |
| ズボン | 5～12 | ネイビーブルー(514) | ラベンダーブルー(513) |
| 足 | 1～4 | ブラウン(519) | ブラウン(519) |

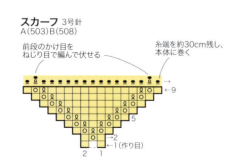

# 86・87・88・89 ヒツジ

Photo ▶ P.15

### 材料と用具

**糸** ハマナカ　アメリー エフ《合太》
A…マリーゴールドイエロー (503)、ブラウン (519)、ブラック (524)
B…ナチュラルホワイト (501)、クリムゾンレッド (508)、ダークグレー (526)
C…ナチュラルホワイト (501)、オートミール (521)、ダークグレー (526)
D…ピーコックグリーン (515)、フォレストグリーン (518)、ブラック (524)、ダークグレー (526)
**ハマナカ　カミーナ ループ**
A…黄土 (102)、B…こげ茶 (105)、CD…生成り (101)
**針** 棒針4号　かぎ針4/0号
**その他** わた4g

### 作り方のポイント

★ 本体を編んだら、耳、フードを編み出す。
★ ボタンを刺しゅうする。

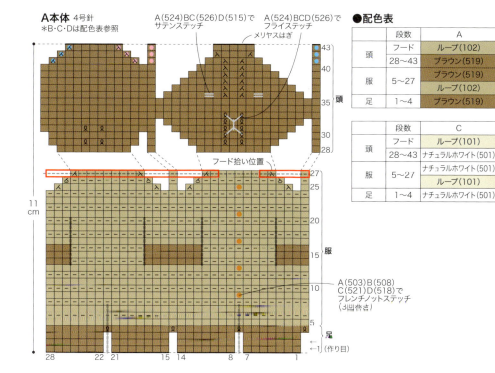

▶▶▶ P.72へ続く

71

▶▶▶ P.71から続く

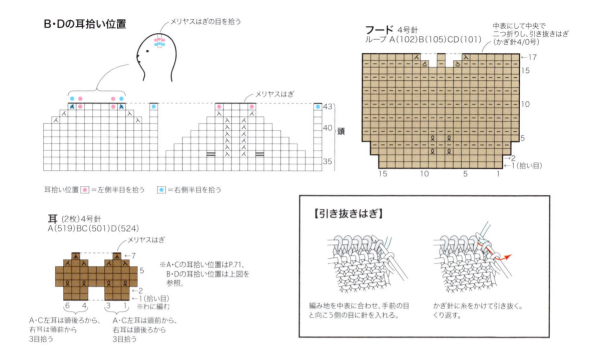

▶▶▶ P.73から続く

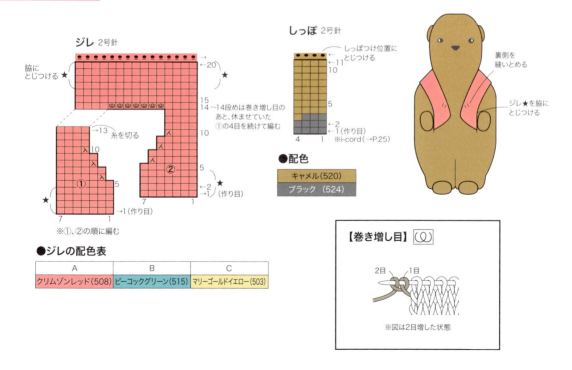

# 90・91・92 プレーリードッグ

Photo ▶ P.16

### 材料と用具

**糸** ハマナカ　アメリー エフ《合太》

A… ナチュラルホワイト (501)、クリムゾンレッド (508)、キャメル (520)、ブラック (524)
B… ナチュラルホワイト (501)、ピーコックグリーン (515)、キャメル (520)、ブラック (524)
C… ナチュラルホワイト (501)、マリーゴールドイエロー (503)、キャメル (520)、ブラック (524)

**針** 棒針2号、3号、4号

**その他** わた4g

### 作り方のポイント

★ 本体を編んだら、足、しっぽ、ジレを編み、とじつける。

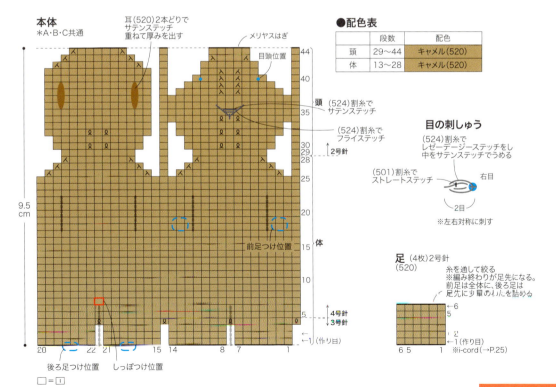

▶▶▶ P.72へ続く

73

# 93・94 タヌキ

Photo ▶ P.16

## 材料と用具

**糸** ハマナカ アメリー エフ《合太》
A…ナチュラルホワイト(501)、ブラウン(519)、キャメル(520)、ブラック(524)、ダークグレー(526)
B…ナチュラルホワイト(501)、ブラウン(519)、キャメル(520)、グレイッシュローズ(525)、ダークグレー(526)
**針** 棒針3号
**その他** わた4g

## 作り方のポイント

★ 本体を編んだら、耳を編み出す。
★ しっぽを編み出す。
★ 帽子を編み、かぶせる。

### ●配色表

|  | 段数 | A | B |
|---|---|---|---|
| 頭 | 27～42 | ナチュラルホワイト(501) | ナチュラルホワイト(501) |
|  |  | ダークグレー(526) | ダークグレー(526) |
|  |  | キャメル(520) | キャメル(520) |
| 服 | 9～26 | ナチュラルホワイト(501) | ナチュラルホワイト(501) |
|  |  | ブラウン(519) | ブラウン(519) |
|  |  | ブラック(524) | グレイッシュローズ(525) |
| 足 | 1～8 | キャメル(520) | キャメル(520) |
|  |  | ブラウン(519) | ブラウン(519) |

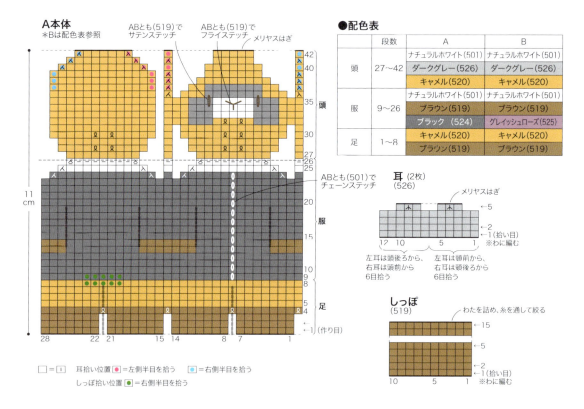

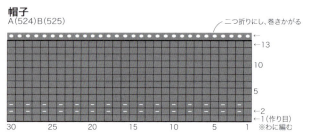

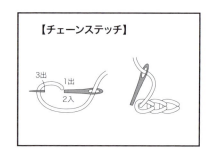

【チェーンステッチ】

# 95・96 インコ

Photo ▶ P.17

### 材料と用具

糸　ハマナカ　アメリー エフ《合太》
A…クリームイエロー(502)、ピーチピンク(504)、パロットグリーン(516)、ブラック(524)、ダークグレー(526)、ベージュ(529)
B…ナチュラルホワイト(501)、クリームイエロー(502)、ライトブルー(512)、ラベンダーブルー(513)、グレー(523)、ブラック(524)、ベージュ(529)
針　棒針2号、3号、4号　かぎ針2/0号
その他　わた4g

### 作り方のポイント

* 本体を編んだら、胸当てを編み出す。
* 肩ひも、尾羽短、尾羽長、足を編み、とじつける。

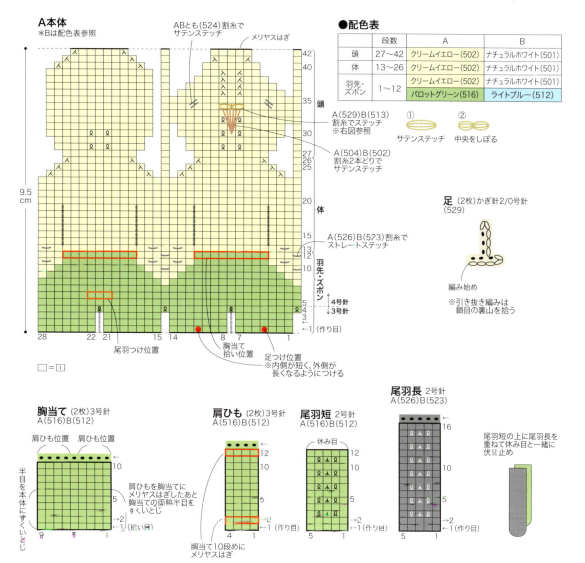

# 97・98 帽子ネコ

Photo ▶P.17

### 材料と用具

**糸** ハマナカ アメリー エフ《合太》
A…パープルヘイズ(511)、グレージュ(522)、ブラック(524)、セラドン(528)
B…ピンク(505)、ピーコックグリーン(515)、グレージュ(522)、ブラック(524)

**針** 棒針2号、3号

**その他** わた4g

### 作り方のポイント

* 本体を編んだら、耳を編み出す。
* しっぽを編み、とじつける。
* 帽子を作り、かぶせる。

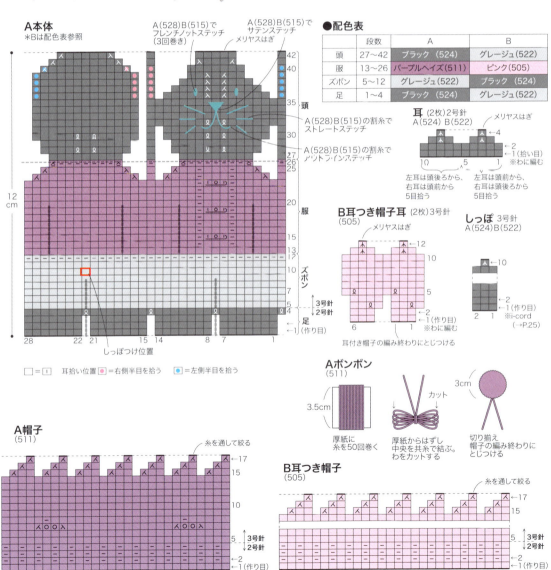

# 99・100 ウォンバット

Photo ▶ P.17

### 材料と用具

**糸** ハマナカ アメリー エフ《合太》
A… ダークレッド(509)、フォレストグリーン(518)、ブラウン(519)、キャメル(520)、ブラック(524)
B… マリーゴールドイエロー(503)、ピーコックグリーン(515)、オートミール(521)、ブラック(524)、ダークグレー(526)
**針** 棒針3号、4号　かぎ針2/0号、4/0号
**その他** わた4g

### 作り方のポイント

* 本体を編んだら、耳、胸当てを編み出す。
* 肩ひもを編み、とじつける。
* ボウタイを編み、首に巻く。

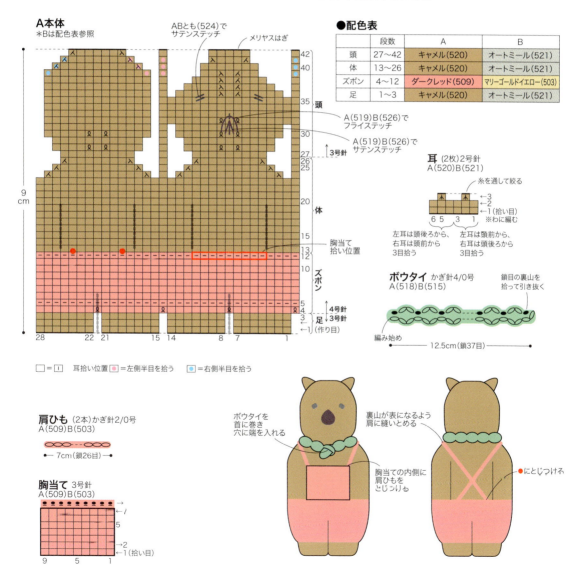

●配色表

| 段数 | A | B |
|---|---|---|
| 頭 | 27〜42 | キャメル(520) | オートミール(521) |
| 体 | 13〜26 | キャメル(520) | オートミール(521) |
| ズボン | 4〜12 | ダークレッド(509) | マリーゴールドイエロー(503) |
| 足 | 1〜3 | キャメル(520) | オートミール(521) |

77

## 編み目記号＆編み方

**指でかける作り目**

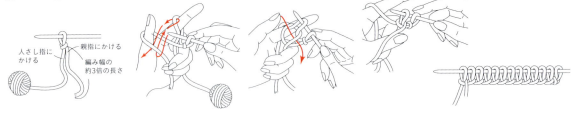

人さし指にかける / 親指にかける / 編み幅の約3倍の長さ

---

**表目** ｜

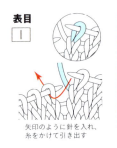

矢印のように針を入れ、糸をかけて引き出す

**裏目** ―

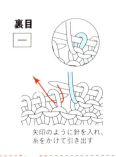

矢印のように針を入れ、糸をかけて引き出す

**伏せ目**

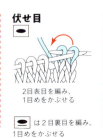

2目表目を編み、1目めをかぶせる

● は2目裏目を編み、1目めをかぶせる

**ねじり目**

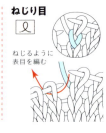

ねじるように表目を編む

**ねじり増し目**

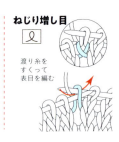

渡り糸をすくって表目を編む

---

**かけ目** ○

糸をかける

**右上2目一度**

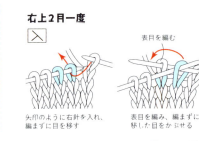

矢印のように右針を入れ、編まずに目を移す / 表目を編む、編まずに移した目をかぶせる

**左上2目一度**

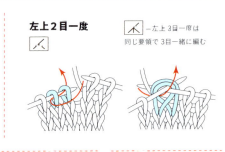

左上3目一度は同じ要領で3目一緒に編む

---

**裏目の右上2目一度**

1　　2目それぞれを編まずに右針に移す

2　　左針を2目の右側から入れて目を戻す

3　　矢印のように右針を入れて、裏目で編む

4

**裏目の左上2目一度**

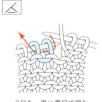

2目を一度に裏目で編む

---

**中上3目一度**

 右の2目に矢印のように右針を入れ、編まずに移す

 次の1目を表目で編む

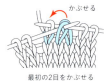 かぶせる / 最初の2目をかぶせる

### 左上2目交差

なわ編み針に1、2の目を移し、3、4の目を表目で編む　　1、2の目を表目で編む

### 右上3目一度

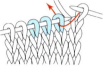

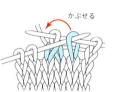

矢印のように右針を入れ、編まずに目を移す　　次の2目を一緒に表目で編む　　1目めをかぶせる

### 左目に通すノット

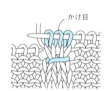

矢印のように3目めをすくう　　1、2目めにかぶせる　　表目、かけ目、表目を編む

### 糸を横に渡す編み込み模様

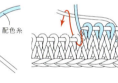
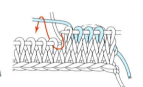

地糸と配色糸を交差させてから地糸で最初の目を編む　　配色糸で指定の目数を編む。糸を替える時は配色糸を上において休ませ、地糸で編む　　配色糸に替える時は、地糸を下にして休ませ、配色糸で編む。※糸の上下を変えないように注意する

### メリヤスはぎ（目と目）

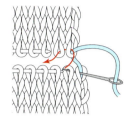

手前側、向こう側の順に端の目の裏側から糸を出す。続けて、手前の1、2目めに図のように針を入れ、向こう側の目に矢印のように針を入れて糸を出す

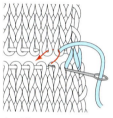

次は手前の2、3目めに図のように針を入れ、向こう側の2、3目めに矢印のように針を入れて糸を出す

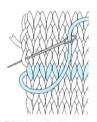

最後は向こう側の端の目の裏側に針を出して糸を引き抜く

## 刺繍の刺し方

### ストレートステッチ

### サテンステッチ

### バックステッチ

### フレンチノットステッチ（2回巻き）

1に出し、針に糸を2回巻き付ける　　1のすぐそばの2に針を半分入れる　　糸を引いて、玉を引きしめ、針を裏へ引き抜く

フレンチノットステッチの2回巻き

### レゼーデージーステッチ

## 作品制作（五十音順）

金子祥子

くげなつみ

佐藤文子

庄司靖子

ミドリノクマ

minao（横田美奈）

横山かよ美

## STAFF

| | |
|---|---|
| ブックデザイン | 橘川幹子 |
| 撮影 | 白井由香里 |
| 製図・トレース | ミドリノクマ |
| 基礎イラスト | 小池百合穂 |
| 校閲 | 庄司靖子 |
| 編集 | 中田早苗 |
| 編集デスク | 川上裕子（成美堂出版編集部） |

## 素材提供

### ハマナカ株式会社

京都府京都市右京区
花園薮ノ下町2番地の3
FAX 075-463-5159
E-mail info@hamanaka.co.jp
http://www.hamanaka.co.jp

本書に掲載した毛糸、用具、材料の情報は2024年
10月現在のものです。印刷物のため、作品の色は
現物と多少異なる場合があります。本書に掲載し
た作品は複製して販売、頒布、コンテストなどに
応募することは禁じられています。

---

## 小さな動物編み人形100

| | |
|---|---|
| 編　者 | 成美堂出版編集部 |
| 発行者 | 深見公子 |
| 発行所 | 成美堂出版 |

〒162-8445　東京都新宿区新小川町1-7
電話(03)5206-8151 FAX(03)5206-8159

印　刷　TOPPAN株式会社

©SEIBIDO SHUPPAN 2024　PRINTED IN JAPAN
ISBN978-4-415-33476-9
落丁・乱丁などの不良本はお取り替えします
定価はカバーに表示してあります

•本書および本書の付属物を無断で複写、複製(コピー)、引用する
ことは著作権法上での例外を除き禁じられています。また代行業者
等の第三者に依頼してスキャンやデジタル化することは、たとえ個人
や家庭内の利用であっても一切認められておりません。